사설시조 소설의 개척자 주영숙

빛 바랜 가족사진

고교 시절

99학번 입학

석사 졸업식

박사 졸업식

난정뜨락에 봄은 오는가(동부화재 다큐)

돌 그린 집, 난정뜨락

초벌구이 도자기에 그림 그리는 모습   쌍용 사외보에 소개된 수놓는 모습

1991년, 곰두리문학상 시상식에서

2023년, 대한민국장애인문화예술대상 대통령상 수상

1997년, 용인시 여성상(예술상) 수상

2011년, 대한민국장애인문화예술대상 문화체육관광부 장관상 수상

2010년, 중앙대학교 '자랑스러운 예대인상' 시상식에서

<호랑이>

<와이계곡>

<달구름>(좌)

<달구름>(우)

<정>(세종미술대전 동상)

<파문>(현대미전 특선)

<달, 구름, 파도, 송학도>(제20회 대한민국전통공예대전 자수 입선)

사설시조   한국 최초의 사설시조 장편소설

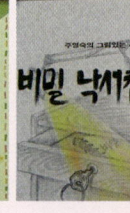

시집들

소설집들

누구 시리즈

❓ 문학적 초상화 프로젝트
2025년 <누구?!시리즈10>을 발간하며

궁금증이 감탄으로 변하게 하는 이야기를 담은 작은 인문학도서 <누구?!시리즈>를 기획하게 되었다. 인문학이란 사람의 이야기를 기본으로 하는데 그 삶에서 장애는 비장애인들이 경험하지 못한 특별한 이야기여서 사람들에게 감동을 준다.

특히 장애인예술은 장애예술인의 삶 속에서 녹아 나온 창작이라서 장애예술인 이야기를 책으로 만드는 <누구?!시리즈>는 꼭 필요한 작업이다. 이 책은 장애예술인의 활동을 알리는 소중한 자료가 될 것이기에 <누구?!시리즈> 100권 발간 목표를 세웠다. 의문과 감탄을 동시에 나타내는 기호 인테러뱅(interrobang)이 <누구?!시리즈>를 통해 새로운 감성으로 확산될 것으로 믿는다.

<누구?!시리즈 100>이 완간되면 한국을 빛내는 장애예술인 100인이 탄생하여 장애인예술의 진가를 인정받게 될 것이며, 100인의 장애예술인을 해외에 소개하면 한국장애인예술의 우수성이 K-컬처의 새로운 화두가 될 것이다.

_ (사)한국장애예술인협회

사설시조 소설의 개척자 주영숙
주영숙 지음

초판1쇄 발행 2025년 11월 20일

지은이 주영숙
펴낸이 석창우
펴낸곳 한국장애예술인협회(KDAA)
등 록 2025년 5월 7일
주 소 서울시 금천구 서부샛길 606, 대성지식산업센터 B동 2506-2호
전 화 (02)861-8848
팩 스 (02)861-8849
홈주소 www.emiji.net
이메일 klah1990@daum.net

값 12,000원

ISBN 979-11-993059-9-1 03810

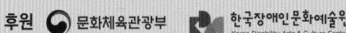

누구 시리즈 48

사설시조 소설의
개척자 주영숙

주영숙 지음

만학도, 장애, 시니어 속에서 이룬 문학 인생

올해 75세의 난정에게서는 에너지가 넘친다.
아직도 그녀의 머릿속에는 무궁무진한 이야깃거리가 넘치며,
그 많은 이야기를 날밤을 새워서라도 집필할 수 있는 열정이 있다.
난정은 영원한 문학소녀로 살고 있는지도 모른다.

도서출판 KDAA

여는 글

새로운 도전 현재진행형

나는 소아마비 장애인으로서 오른쪽 다리가 짧고 가늘다.
그러나 소외되고 차별당했던 그 시절을 되돌아보고 싶지는 않다. 이제는 장애가 없는 것이 오히려 결핍 조건이 된 사람을 더 불쌍하게 여기는데, 나는 1999년, 세기말에 다시 태어났다. 나이 쉰에 99학번으로 대학 입문을 했기 때문이다.

마흔아홉 가을에 아픈 오른 다리를 부러트려 깁스까지를 하게 되었고, 내 인생에 있어서 새로운 도전이랍시고 대학에나 다닐까? 라고 소망을 말했으며, 그 말이 떨어지자마자 거기 문예창작학과가 있습니까? 언제 생겼습니까? 하고 부랴부랴 수소문한 뒤에 집에서 엎어지면 코 닿을 곳에 있다는 단순한 이유로 나를 경기대학교에 입학시키기로 정한 남편에게 내가 실려 갔다. 30년 전의 거제고등학교를 찾아가 입학 서류를 준비하였고, 깁스해서야 겨우 왼쪽 다리와 굵기가 같아졌을까 말까 한 오른쪽 다리를 당당히 뻗치고 양 겨드랑이에 목발을 끼운 채, 터덕터덕 대학교의 본관 계단을 올라가 문예창작학과에 원서를 접수했고, 신기하게도 합격하였다. 깁스를 푼 며칠 뒤의 입학식 날부터 약 2개월간, 동부화재에서 찾아온 다큐 촬영팀 덕분에 사뭇 흥분하였지만 학교가 온통 오르막이고 계단 일색이라는 것을 알아차리고는 털퍼덕 주저앉을 것만 같이 난감했다. 그런데도 불구하고 나는 나이까지 많아서 쉽사리 낫지 않는 다리를 부추겨 주 나흘간을 삐그덕삐그덕 오르내리고 있었는데, 그러며 저절로 우러나는 시를 썼다.

   인생은 도전이라고 아무리 그래도/아침마다 도전하는 인생을/당신은 압니까/죽지 못해 도전하는/못 죽어서 몸을 일으키는/그런 인생을 압니까/도전 인생이란 칭찬에/새삼 슬퍼지는 그런 몸을 압니까/인생 오십에 목발까지 차고야/뒤뚱뒤뚱/상아탑 높은 턱 오르는 이것이/무슨 도전 축에 든다고……/살아 있는 날까지/아침마다 도전하는 그런 인생을/알기나 한단 말입니까

   시 본문에는 '이것이 무슨 도전 축에 든다고.'라고 시치미를 뚝 뗐지만, 사실 나의 대학 입문이 도전 축에 안 든다면 도대체 누구의 것을 도전이라고 할 수 있을까?

2025년 어느 날 문득 나를 돌아보며
주영숙

차례

여는 글 새로운 도전 현재진행형　　　　　12

한국전쟁 즈음에　　　　　17

속으로만 피는 울음꽃　　　　　24

전화위복의 기회　　　　　29

화가, 그리고 전통공예가　　　　　35

첫 시집과 첫 장편소설의 탄생　　　　　45

날개 없는 영혼과 비밀 낙서첩　　　　　50

전통공예대전과 달, 구름, 파도 그리고　　　　　57

작은 거인의 딸, 그리고 여자는	63
아픈 다리를 부러뜨리고	71
만학도의 대학 입문	76
큰 소설가의 빨간펜 지도 방식	83
10년 주기 문학의 두 번째 길	88
끝없는 끝을 향한 나의 몸	96
아직 몸 30 정신 70인 나의 몸	102

?

한국전쟁 즈음에

　내 고향은 거제도, 더 구체적으로는 경상남도 거제군 일운면 지세포리이다. 하지만 정작 내가 태어난 곳은 일운면 구조라리인데, 아버지는 거기서 멸치어장을 하고 계셨고 어머니는 아버지와 함께 어장막에 거주하고 계셨다고 한다.

　아버지는 왜정 치하에서 소학교를 다닐 때 1등을 놓쳐 본 적이 없을 정도로 머리가 좋은 사람이었다고 하며, 불가사의하게도 학교를 졸업할 순간까지 한 번도 공책에 필기를 하지 않았다고 한다. 그리고 왜정 치하의 중학교는 안 가겠다고 버티는 바람에 졸업식 때 2등으로 내려왔고, 그 불공정함에 더욱 항거하여 졸업식장에서 대판 싸웠으며 당신의 학력을 소학교 졸업으로 마무리하셨다고 한다. 어쨌든 아버지의 별명은 조조였는데 아버지는 그 별명을 매우 싫어하셨지만, 아버지의 자녀인 우리는 자연적으로 조조 군사라는 애칭을 달고 살아야만 했다.

나는 한국전쟁(1950~1953) 발발 직전 해인 1949년 음력 8월 28일에 태어났다. 주자(朱子)의 증손 주잠(朱潛)을 시조로 한 신안 주씨 할아버지의 7남 1녀 중 한가운데 넷째아들 주성규 씨와 성씨가 정약용과 같은 넷째 천간 정(丁)인 외할아버지의 3남 3녀 중 셋째 딸 정두리 씨 사이에서 태어난 첫딸이다.

내가 태어난 이듬해, 거제도는 전쟁의 소용돌이에 휩싸였다. 남한과 북한 간의 이 전투는 많은 인명 손실을 초래했지만, 궁극적으로 남한 군대는 그들의 입지를 지키고 승리를 확보할 수 있었다. 그러나 그 승리 뒤에서는 거제도에서의 여러 비극을 만들고 있었다. 17만 명에 달하는 북한군과 중공군 포로들이 거제도 포로수용소에 수용되고, 민간에서는 별도의 피난민수용소로 복작거렸던 어수선한 시기였다. 거의가 판잣집으로 형성되었던 피난민수용소에 사는 아이들이 내가 초등학교에 다닐 때만 해도 우리 반에 세 명이나 있었을 정도였는데, 그들은 우리랑 고등학교도 같이 다녔다.

내가 세 살 때, 그러니까 한창 전투 중이던 1951년경이었다. 당시 시부모님과 손윗동서 세 분까지 모시는 층층시하의 새댁이었던 어머니는 그날도 피난민수용소에 밥을 날라다 줘야 했다. 손윗동서들이 세 분이나 계셨지만, 밥 배달은 으레 어머니가 도맡아 놓고 했던 것이다. 어머니는 첫딸인 나를 업은 채 밥 쟁반을 머리에 이어야 한다는 강박관념에 싸여 어쩔 수 없이 아래채 방문을 열었다. 그리고 며칠 아파서 누워 있던 아이를 불렀다. '영숙아, 이리 와. 어부바하고 가자.' 그러나 나는 일어나다 말고 풀썩 주저앉았으며, 그 길로 어머니에게 비상이 걸렸다.

내가 소아마비에 걸린 것이었다. 손윗동서들의 '일하기 싫으니까 아이 업고 병원 간다.'라는 빈축을 귓등으로 들으며 날마다 나를 업고 한의원 양의원 막론하고 별의별 용하다는 의원은 다 찾아다니며 목이 쉬게 하소연했다는 어머니, 그러나 더는 뾰족한 수도 없었다. 내 오른 다리는 마비 때문에 다만 흐느적거렸고, 덩달아 오른발 뒤꿈치가 당겨 올라간 첨족(尖足)이 되었다. 거기다가 다리 낫게 한다는 명분으로 발가락에 침을 놓는 바람에 내 오른발 검지 발가락이 지금까지도 힘을 못 쓰고 고꾸라져 있는데 내가 성장함에 따라 고꾸라진 그 상태로 발가락도 따라 자라며 발톱을 두껍게 키웠다.

소아마비 환자라고 모두 첨족이 되진 않을 것이지만, 모두 발가락까지 고꾸라지진 않겠지만, 어쨌든 나의 오른발 뒤꿈치는 세 살 이후로 단 한 번 바닥에 내린 적이 없다. 발 앞꿈치로만 땅을 디디다 보니 앞꿈치엔 티눈이 생겼는데, 이것이 딱딱해지면 살갗을 꼭꼭 찌르는 통에 나는 평생 걸을 때마다 속으로 아야, 아야, 하고 걷는다. 가끔 한 번씩 티눈 자리를 더운물로 불려서 파내기는 하는데 티눈은 며칠 안 가서 또 자라나곤 했다. 내가 걷기를 그만두지 않는 한 티눈은 평생 나를 괴롭힐 것이고, 그래서 이젠 집안에서도 티눈 부분을 푹신한 양말로 감싸고 산다. 물론 고꾸

빛 바랜 가족사진

라진 채 자라는 발가락의 군살 같은 발톱도 주기적으로 잘라 주며 견딘다.

　나이가 들어감에 따라 점점 더 퇴화하는 오른 다리에 잔뜩 힘을 주어 걷는가 하면, 한 오 년 전부터는 일종의 요령을 터득하여 겨울엔 얼음장 같은 오른 다리에 핫팩을 붙인 다음 붕대를 감고 산다. 오른 다리 피돌기 작전, 이것은 내 평생의 과제일 것이다. 가장 편하기는 가만히 앉아서 글을 쓸 때뿐이다. 정말이다. 누워서 자는 게 편하지 않냐고 반문하겠지만, 천만의 말씀이다. 누우면 감각 없는 통증에 시달려야 하기 때문이다. 마비된 오른 다리가 이루 말할 수 없이 고통스럽다. 남편이 가끔 지압을 해 주지만, 일시적이다. 지압 받으면서 잠들면 얼마나 행복할까, 내가 돈을 좀 많이 벌면 지압사, 아니 안마사를 주기적으로 부르면 좋겠다. 하는 생각을 늘 했다.

　그런 한편 나는 다른 생산적인 방법을 택했다. 종일 글쓰기를 하며 내 몸과 정신을 혹사하는 방법이다. 그래서 밤늦게 잠자리에 들면 아주 편안히 잠들 수가 있다. 너무 피곤하여 곯아떨어지면 오히려 감각 없는 묘한 고통을 자각하지 못하기 때문이다.

　내가 일곱 살이던 때, 내게는 다섯 살, 네 살의 연년생 여동생에 두 살짜리 남동생이 줄줄이 있었고, 장녀이고 맏이인 내가 먼저 학교에 들어갔다. 그때는 초등학교가 아니라 국민학교였는데 아무튼 나는 우리 나이 일곱 살에 초등학교(일운초등학교)에 입학

했고, 그것은 한마디로 조기입학이었으나, 그만 1학년을 중퇴하였다.

오른 다리가 가늘고 발뒤꿈치가 땅에 닿질 않았어도 나는 두 다리로 걸을 수 있었다. 절뚝거리긴 하여도 운동화를 질질 끌면서나마 학교까지 걸어다녔다. 그러니 내가 1학년 중퇴한 것은 집에서 300~400m 거리에 있는 학교까지가 걷기에 힘들어서가 아니었다. 일곱 살에 입학했을 정도로 가나다라를 미리 깨쳤으니 학교 공부를 따라가지 못해서가 아니었다. 다른 친구들이 모두 여덟 살 이상이라 어울리지 못해서도 아니었다. 문제는 뛰지 못한다는 데에 있었다.

부모님은 내가 혹시라도 업신여김을 당할까 봐 내 옷차림이나 책가방이나 소지품 등을 항상 최고급으로 마련해 주셨는데, 몇몇 아이들 눈엔 바로 그 점이 거슬렸다. 여자아이들은 그저 쑥덕거리며 나를 따돌리는 것에 그쳤지만, 남자아이들은 노골적으로 내 공책이나 필통이나 내 장갑 등을 빼앗아 달아나곤 했다. '잡아 봐!'라고 외치며 달아나는 그들은 내가 심하게 절뚝거리며 쫓아오길 바라고 있었지만, 나는 한 발짝도 움직일 수 없었다. 금방 웃음거리가 되고 말 것을 너무나 잘 알았기 때문이었다.

나는 초등학교 1학년 때에 그걸 느꼈다. 내가 죄인이라는 것을 느껴야만 했다. 아니, 내가 그렇게 느끼는 게 아니라 주변 환경이 나를 죄인 취급하였으며, 나는 그것이 마땅하다고 뼈저리게 느끼고 있었다. '내 업보다.' 어머니는 그러면서 자기 죄라고 했지만, 내가 죄인인 것이 어머니의 업보라는 말인 거 같아 나는 늘 그것이 미안하였다. 소아마비에 걸린 아이에게는 기독교에서 말하는 '원죄' 그것이 적용되었고, 불교에서 말하는 '전생의 업'이 적용되었다. 나는 그래서 어머니에게 학교 안 가겠다며 울면서 떼를 썼고, 결국엔 1학년을 중퇴했으며, 우여곡절 끝에 보편적인 학령기인 여덟 살에 다시 1학년으로 입학했다.

속으로만 피는 울음꽃

나의 유년기에 아버지는 고등어잡이 배의 어로장이어서 주로 겨울에만 집에 계셨다. 그런데 아버지는 내 나이 열 살, 초등학교 3학년 추석 전날(1959년 9월 11일)에 덮친 사라호 태풍을 만났고, 그 며칠 뒤에 구사일생으로 살아오셨고, 그 뒤로 늘 아프셨지만 별로 내색하지 않으셨다. 그리고 가끔 생즉필사 사즉필생의 이치를 우리에게 말씀하시곤 했는데, 오랜 세월 흐르고 나서 나는 아버지의 그 당시 상황을 사설시조 두 편(사라호 태풍/아버지의 상처)으로 썼는데 '아버지의 상처'만 놓아 본다.

그토록 설치던 풍파 한숨 돌릴 때/날치처럼 헤엄쳐 가는 그들이 눈부셨어/부서져 너덜너덜한 고깃배에 얹힌 채/파도 따라 내려가고 파도 따라/올라갔어 소리쳤어/내 몫까지 살아라 부디 살아라/누구나/시한부 인생/언제고/끝나겠지만//며칠이나 흘렀는지 이승인지 저승인지/생때같은 처자식이 그리워 숨막힌/그 순간/눈을 떠 보니/태풍은 온 데간데없어지고/허위허위 고향이라고 돌아오니/사람들/귀신 본 듯 나를 보며/고래고래 소리질렀어/혼자서 돌아온 까닭 이실직고하라고//무덤까지 가져갈 비밀, 구사일생/그 내막/혼자만 헤엄을 몰라 혼자만 못 죽어/지금도/할딱이면서/후회하는 나의 혼

아버지는 헤엄을 칠 줄 몰랐고 그래서 죽을 수밖에 없어서 생을 포기하셨지만, 다행히 파선 조각을 붙들고 있었던 덕에 살아나신 거였다. 생즉필사 사즉필생(生卽必死 死卽必生)의 뜻은 '살고자 하면 죽을 것이요, 죽고자 하면 살 것이다.'라는 뜻의 임진왜란 당시 이순신 장군의 외침이라 한다. 살고자 헤엄쳐 갔던 다른 선원들은 결코 살아남지 못했다는 것이 생즉필사에 해당했지만, 하지만 사즉필생 하신 아버지로선 그 현실이 너무나 괴로웠다. 그는 용감하게 살아온 것이 아니라 비겁하게 살아왔다는 것이었고, 그게 한스러웠고, 바로 그런 쓰라린 경험 때문에 그의 큰아들이고 내 큰 남동생 훈이를 어릴 때부터 수영선수로 키워 전국대회에 출전하게 하였다. 그리고 남동생은 고등학교 2학년 무렵에 아버지의 계획에 따라 거제수고로 전학 가서는 졸업도 하기 전에 항해사가 되어 외항선을 탔는데, 그 동생이 라스팔마스 바다에 있을 때 아버지 임종 소식을 들었다.

아버지는 사라호 태풍 이후 17년을 더 사신 쉰한 살에 세상을

버릴 때까지 당신이 헤엄을 못 쳐서 살아오신 것에 대하여 자책하셨다. 그래서인지 아버지의 철학은 매사에 목숨을 걸어라! 죽자고 들면 길이 보인다. 살려고 하지 마라. 이런 궤변으로 똘똘 뭉쳐 있었던지도 모른다.

나는 늘 앉아 있었다. 체육 시간엔 교실 지킴이었고 소풍날엔 집지킴이었다.
학교에서 '넌 주번과 함께 교실 지켜!' 집에서 '넌 다리가 아프니까 가지 마.' 그렇게 차별을 당해야 했다. 한번은 우리 4학년 달반 학생이 모두 모여서 학교 뒤뜰과 통해 있는 해변으로 탈출하였는데, 점심시간을 이용하여 수영하기 위해서였다. 그리고 나는 그날도 역시 아이들 옷 지킴이 노릇을 했고, 점심시간을 훌쩍 넘겨 단체로 엉덩이에 매를 맞았는데, 수영한 아이들 모두는 두 대씩, 나는 옷을 버리지 않았다며 한 대만 맞았다. 그러자 아이들이 우우 항의했다. '왜 주영숙이는 한 대만 때리느냐고. 왜 차별하느냐고!' 평소 나를 차별하던 아이들이 정작 주영숙이 한 대만 맞았다며 모두 이의를 달았고, 나는 그때 참 억울했지만, 그냥 억울하다는 마음만 속에서 들끓었을 뿐이었다.

운동회날이 되면 나는 그야말로 곤혹스러운 처지가 되곤 했는데, 그 왁자한 행사 날에 교실을 지키고 있을 수도 없고 운동장에 나가 친구들과 어울릴 수도 없고 하여 그때마다 전전긍긍하였다. 그러다 한 번은 용감하게 운동장에 나가 다른 친구들과 함께 줄을 섰는데, 그때 내가 왜 그랬는지, '나도 할 수 있다!'라고 하는 오기 때문이었는지 지금도 알 수 없지만, 아무튼 나는 아이들과 함께 줄을 서서 운동장 한가운데로 나갔다. 서로 짝을 지어 발 하나씩 묶고 두 사람이 합쳐 두 발로 뛰기였는데, 나는 그게 자신 있었다. 친구의 왼발에 내 아픈 오른발을 묶고 다른 멀쩡한 발로만 뛰면 잘할 수 있을 것 같았다. 그런데 갑자기 누가 선생님께 고자질, 아니 항의했다. '주영숙 때문에 우리 편이 집니다. 주영숙이 빼야 합니다.' 아이들이 모두 '그래그래, 주영숙이 너 빠져!' 그렇게 마치 데모하듯 나를 성토하였고, 나는 아픈 발을 묶으면 나도 잘 뛸 수 있음을 설명할 기회도 입증할 기회도 얻지 못했다.

결국 선생님께서 내게 퇴장 명령을 내렸으며, 나는 운동장 한복판에서 퇴장하였다. 마치 무슨 전쟁터에서의 패잔병처럼 절뚝절뚝 걸어나왔던 것인데, 그 비참했던 기억은 이상하게도 평생 내 머릿속에 살아 있다.

내가 다리가 아프니 다리를 써서 무언가를 하면 남에게 피해를 준단 말인가? 아버지는 내게 아픈 다리 혹사하라고 하셨는데, 그게 정답인 것 같은데, 하기만 하면 달리기도 할 수 있을 것만 같았는데, 하지만 참았다. 참고 또 참았다. 남에게 피해를 준다거나 남의 마음을 아프게 한다거나, 그런 행동을 함은 곧 문제를 일으키는 것이었고, 나는 나로 인하여 시끄러워지는 것이 싫었다.

나는 자연스레 앉아서 할 수 있는 일을 찾게 되었는데, 그랬다. 나는 남들이 뛰어놀 때 그림을 그렸고 글짓기를 하였다. 그림 그리기와 글짓기, 특히 반공 포스터 대회나 표어 짓기, 그런 것들은 으레 주영숙이가 상을 휩쓸었다. 1960년 4.19 혁명이 일어났던 그해는 내가 4학년으로서 당시의 상황을 산문으로 써서 도 대회의 상을 타기도 했다. 그런 한편 나의 절뚝거림에 대하여 비관심이 너무 심했던 나는, 결국 4학년 여름방학에 부산대학병원에 입원했었고, 신발까지 달린 철제 보조기(장하지 보조기)를 착용하였다. 그러나 보조기 착용은 내 마음을 더욱 힘들게 하였을 뿐으로서 얼마 안 가서 그 보조기를 벗어던졌다. 대신 아버지 조언대로 마비된 다리 깨우기 운동만 꾸준히 하였다. 멀쩡한 왼발은 들고 마비된 오른발로 뛰기, 기둥이나 난간을 붙들고서라도 그렇게 뛰기. 그렇다. 나는 평생 그렇게 걸어왔다. 마비된 오른 다리에 바짝 힘을 주어 걸어왔다. 아픈 다리에 힘주어 걷다가 보니 툭하면 길바닥에 주저앉는 사태가 벌어졌지만, 그래도 나는 평생을 그렇게 서 있거나 걸어왔다.

전화위복의 기회

　나는 중학교(거제 지세포중학교) 3학년 때에 당시의 학생잡지 『학원』에 산문 '그리움'이 당선되어 원고료 3,000원까지 받았다.
　중학생이 되고서부터 나는 내가 장래에 무엇이 될까에 대하여 고민했는데, 막연히 소설가가 되리라는 꿈을 품었고, 그 준비를 나름대로 시작하였다.
　그것은 우선 원고지 쓰는 법을 터득하는 일이었는데, 그것을 나는 헌책방에 들어앉아 골머리를 싸매 가며 터득했다. 그리고 아무도 몰래 '그리움'이라는 제목으로 산문 한 편을 지었는데, 그 내용을 떠올리자면 대략 이렇다.

　'나를 잘 따르던 고양이 '미야'는 일쑤 내 품을 파고들어 코를 가르랑거리며 잤는데, 어머니가 '털 날린다'는 이유로 미야를 미워했다. 하루는 어머니가 깍두기를 썰다가 갑자기 윗니로 아랫입술을 꽉 깨물더니 무 썰던 칼등으로 내 엄지발가락을 쾅 내리치

션다. 얼마나 세게 내리치셨는지 나는 기절할 것만 같았는데, 어머니는 내 엄지발가락을 미야의 꼬리 끝으로 착각한 것이었다. 그도 그럴 것이 미야는 내가 앉아 있으면 늘 내 치마 밑을 파고들었고, 어머니는 미야의 그런 행동이 얄미웠던 것이다. 그때 어머니의 마음이 얼마나 아팠을까. 지금 생각해도 아찔한 순간이었다. 그런 일이 있었던 다음 날, 학교에서 돌아와 보니 미야가 온데간데없었고, 나는 내내 미야를 그리워했다.'

엄지발가락에 시퍼런 멍이 들긴 했어도, 그 보상은 대단히 컸다. 나는 그 일을 전화위복의 기회로 삼았다. 실제 일어났던 이 사건을 잘 묘사하여 당시의 학생잡지 『학원』에 투고하였기 때문이다.

투고하고 2개월쯤 되었을까? 『학원』지에선 아무런 소식이 없었다. 내 글이 입선되었다면 필시 책에 게재되었을 거고, 떨어졌다면 게재되지 않았을 거라는 짐작을 한 나는, 신간이 나왔을 시기를 맞춰 버스를 타고 장승포까지 갔다. 우리 집은 지세포였고 지세포엔 헌책방 말고는 책방이 없었기 때문이었다.

'문화서점'이란 서점에 들어서자마자 신간 『학원』을 찾아서 페이지를 넘기는데, 아아, 나는 갑자기 심장이 멈추는 것 같았다. 숨을 쉴 수가 없었다. 내 작품 '그리움'이 버젓이 게재되어 있는 게 아닌가. 허둥지둥하며 비상금을 털어서 책을 사고는 다시 버스를 타고 지세포의 집으로 향했는데, 정말 솔직히 어찌할 바를 몰랐다. 운명? 내가 소설가가 되게 되어 있다는 운명?

고교 시절

며칠 뒤에 당선 소식이 왔다. 내 글이 실린 『학원』과 함께 고료 3,000원이 소액환으로 동봉되어 도착한 것이었다.

그 길로 나는 소설가가 되리라는 원대한 꿈을 품었었는데, 전근 가신 국어 선생님 김윤찬 선생님의 전언 때문이기도 했다. '김윤찬 선생님이 그러시더라 주영숙이 장래 소설가가 될 거라고.' 그의 약혼자였던 영어 선생님이셨다. 김윤찬 선생님은 이미 전근 가셨고 영어 선생님마저 전근 가시게 되었는데, 그녀는 자기에게 주어진 마지막 영어 시간에 우리 모두 자리에서 일어나게 했다. 그리고 우리 사이를 천천히 걸으며 한 명 한 명에게 덕담을 해 주셨고, 내 차례에 와선 그런 말씀을 하신 거였다.

그러나 아버지는 딸에게 냉정한 어조로 말씀하셨다.

"다리도 아픈 네가 어떻게 소설가가 된단 말이냐? 소설가가 되려면 만물박사가 되어야 하는 것은 물론이고 일류에서 사류까지도 살아봐야 하는데 말이다."

나는 도저히 이해할 수 없었다. 아버지의 궤변을.

고등학교, 장승포에 있었던 거제고등학교에 진학한 나는 장승포에서 자취를 했다.

이미 중학교 때 산문 등단을 한 나는 고등학교에 입학하자마자 문예부로 스카우트되었고 도서관 부반장을 맡았다. 그래서 3년이란 기간에 도서관의 책들을 엄청나게 읽었는데 훗날엔 어쩌다 책을 읽다가 보면 일쑤 전에 읽은 책이었다. 그 정도로 책의 제목보다 그 문장에만 치중했었다. 늘, 어떻게 하면 글을 잘 쓸 수 있을까, 어떻게 하면 독자의 마음을 사로잡는 글을 쓸 수 있을까. 그것만이 내 최대의 관심사였기 때문이었던 것 같다.

고등학교에서의 나의 장애는 나 당사자만 불편할 뿐, 친구들에겐 별문제가 되지 않았던 것 같다. 다행히 키가 큰 편인 내가 걷는 방식은 멀쩡한 왼 다리를 약간 꺾고 아픈 오른 다리를 최대한 뻗치되 신발을 질질 끌며 걸음으로써 절뚝거림을 최소화시키는 방식이었다. 그래서 당시의 유일한 영화관이던 '문화극장'으로 단체 관람 가던 어느 날, 내 뒤를 곧장 따라오고 계시던 교장 선생님으로부터 꾸중을 들었다. '왜 신발을 끌고 다녀? 똑바로 신어야지.' 말하자면 불량학생 단속 차원의 꾸중이셨는데, 나로선 그 꾸중이 얼마나 기분 좋았던지 모른다. 교장 선생님이 내가 장애인이란 걸 눈치채지 못하셨다는 증거였으므로.

나는 고등학교 생활 내내 고개 숙인 학생이었다. 초등학생 때 겪었던 소외감이나 비관심, 그런 것들이 여전히 나를 지배하고 있었던 거 아니면, 내 성격이 극 내성적으로 굳혀졌기 때문이었는지도 몰랐다. 하지만 나는 고등학교 재학 중에도 문예지 『여상』에 응모하여 글이 게재됨으로써 내가 앞으로 소설가가 될 수 있다는 확신을 가질 수 있었다. 내가 내 소질을 발견하고 희망을 품은 거였다. 그러나 아버지가 사라호 휴유증으로 내내 구들막지기를 하고 계셔서 집안 형편이 말이 아니었다. 고래등 같은 기와집만 허울 좋게 쓰고 있었던 우리 집 형편에 내가 대학 진학을 한다는 것은 꿈도 못 꿀 일이었다.

그랬다. 고등학교 생활 내내 몸보다 마음이 아팠다. 막연히 문과대학이나 미대로 가야만 한다고는 생각했지만, 그 꿈을 이루기란 너무 막막했다. 화가가 되느냐, 소설가가 되느냐 하는 고민은 그만두고라도, 만물박사가 되어야만 소설을 쓸 수 있다는 아버지의 그 냉엄한 말씀을 되새기는 것조차 사치였다. 자취 생활 내내 거의 굶다시피하며 생활하던 고등학생으로선 고등학교나 제대로 졸업할 수 있을지 우선 그것이 걱정이었다. 서울에서 오신 국어 선생님(민병삼)이 국어 시간에 '애실애실 웃는다.' 라는 표현을 씀으로써 '아~ 문학이란 바로 저런 거야.' 하고 감전당했었지만, 나는 화가도 소설가도 될 수 없음에 통탄해야 했다.

하지만 꿈을 완전히 접을 수는 없었다. 나의 꿈은 일단 가슴 깊숙이 저장되어 있을 뿐이었다. 화산 밑에 웅크린 마그마였다. 소설가가 되리라는 내 열망은.

화가, 그리고 전통공예가

　고등학교를 졸업한 후 나는 정말 문학과는 담을 쌓은 사람이 된 것 같이 살았다.
　서울에서 동양자수를 배웠다. 결혼하고 서울에서 72년생과 74년생의 두 아들을 낳아 키우며 거제와 진해, 부산 등지로 이사 다니며 살던 끝에 1980년도에 다시 서울 화곡동으로 와서 이삿짐을 풀었다. 내가 '길엽표구점'이라는 간판을 내 솜씨로 제작했었는데, '길엽'이란 길가의 낙엽이란 뜻으로서 당시 남편은 진해와 부산, 그리고 서울에 와서도 표구점을 했는데 화곡동에서까지도 오로지 '길엽표구점'이었다. 나 역시 진해에선 '꽃바람 수예'라는 수예점을 하며 수를 놓았는데, 주로 호랑이나 성화 등의 작품을 만들었다. 그리고 가게에 앉아 손님들에게 동양자수를 가르치고 재료를 파는 한편 꾸준히 책을 읽었고 문예잡지 『샘터』와 『엄마랑 아기랑』 등에 글을 투고했고 글이 실려 팬레터도 많이 받았다. 그리고 다시 서울로 와서 가게가 딸린 한 평짜리 방에서 생활하며, 도대체 내가 왜 이렇게 사나 하고 고민했다.

　보통 아줌마로 사는 것은 사는 것이 아니었다. 그러다 진해서 수놓는 틈틈이 기본을 배웠던 동양화를 독학하기 시작했다. 우리나라 6대 작가의 화집을 할부로 구입하여 화풍을 모두 익힌 것이었고, 내 나름의 화법을 개발하였고, 그림을 팔아 생활하면서 돈을 좀 모았다. 이쯤이면 좀 큰물에서 살자 싶어서 1983년도에 봉천동으로 이사를 했는데, 봉천동 안에서만 다섯 번이나 이사했다. 맨 처음에는 봉천10동, 우주 빌딩에 있는 제법 널따란(18평) 가게였다. 그리고 드디어 가게 이름을 바꿨는데, '흥선당 표구점'이었다. 이름을 싹 바꾸고 간판도 전문적으로 간판을 만드는 곳에서 제작, 밤이면 불이 들어오는 입간판까지 달았다. 그런데 사업을 너무 거창하게 벌렸던 탓이었는지, 우린 바로 여기서 돈을 거의 까먹었다. 우주 빌딩에 가게를 차린 지 약 8개월 후, 우리는 가게를 접고 또 이사를 갔는데, 현대시장 뒤쪽의 이층집, 그 이층에 세를 들었다. 내 그림을 파는 사업은 사실 가게가 없어도 가능했고, 표구 안 한 상태의 내 그림을 파는 데는 지장이 없었다. 그리고 1984년 이사 간 곳은 봉천4동, 다시 '길엽표구점'이란 간판을 달고 표구점을 했는데, 가게가 세 평가량, 딸린 방도 세 평가량에 다락까지 있어서 아이들 키우며 살기 딱 좋은 조건이었다. 나는 바로 그 집에 살면서 1984년에 세종미술대전 한국화 부문에서 동상을 받았다.

30대 후반, 진해 수예점에서

<호랑이>

<와이계곡>

<파문>(현대미전 특선)

내가 세종미술대전에 한국화를 처음으로 출품하여 동상 수상을 하였던 1984년 5월 13일. 그날 나는 전시회장인 하얏트호텔로 고등학교 때의 은사 민병삼 선생님을 초대했었고 충격적인 한 말씀을 듣게 되었다. 아니 약이 될 만한 그 말을 내가 유도했던 건지도 몰랐다. 나는 선생님 앞에서 '언젠가는 소설 쓸 겁니다.'라고 뜬금없이 말했다.

어불성설이었다. 그림으로 상을 타는 자리에다 고등학교 때의 국어 선생님을 초대해 놓곤 엉뚱하게 소설을 쓰겠다니, 그가 아무리 현역 소설가라 하더라도, 아무리 국어 선생님이었대도, 그림 앞에서 소설을 들먹이다니 말도 안 될 소리일 거였다. 해서 그의 대답이 아주 자연스럽고 당연하고 간단하게 나왔는지도 몰랐다.

'이미 그림에다 발을 들여놓군 뭔 소리야?'라고. 그런데 그것이 약이 된 것이었다. 하지 말라면 더 하고 싶은 반골 기질 탓이었을까? 그의 한마디는 느닷없이 내게 문학을 요리할 칼을 갈게 했다. 그러나 갑자기 소설을 쓴다는 일은 쉽지 않았다.

우선 나는 화가로서의 입지를 굳히고자 작정했고, 연이어 현대미술대전과 신미술대전에서도 특선을 받았고 전국문화예술대전에서도 입선되었는데, 전부 한국화였다. 봉천4동, 내 그림 출품의 하이라이트는 바로 이 봉천4동에서 결실을 본 셈이었다.

하지만 1985년 초봄, 가게 주인이 월세를 대폭 올렸고, 우리는 부랴부랴 또 이사를 감행했는데 봉천10동 가정집이었다. 전전에 살던 가정집은 주인이 아래층, 세입자가 위층에 살았었는데, 이번엔 주인이 위층, 세입자가 아래층을 쓰게 되었다. 그랬다. 나는 1985년 초에도 '소설'이라는 뜨거운 불덩이 하나를 끌어안은 채로, 그림도 아닌 수를 놓고 있었다. 내 죽마고우 선애가 그로부터 삼 년 전에 내게 주문했던 '최후의 만찬'이었다. 말하자면 내가 '예수와 열두 제자'를 소재로 한 동양자수 작품을 3년이나 걸려 완성한 셈이었다.

그런데 바로 옆 문간방엔 술집에 나가는 아가씨가 둘 세 들어 살았고, 집주인은 술주정뱅이로서 툭하면 볼썽사나운 추태를 벌였다. 우린 번듯한 아래층에서 안방과 건넌방을 차지하고 살았지만, 한창 사춘기의 아이들 키우기엔 매우 부적절했다. 그래서 또다시 이사를 감행했는데, 봉천6동의 가게 딸린 방이었다.

드디어 '길엽표구점'이라는 간판을 집어 던지고서 가게 이름을 '난정뜨락'이라 지었다. 나는 공예품을 만들어 팔거나 지도를 하고 남편은 표구 작업을 하는 작은 가게. '난정뜨락'의 '난정'은 난정(蘭亭)이라는 내 호를 딴 이름인데, 난정은 왕희지의 '난정 고사'에 나오는 그 난정으로써, 대단히 뜻깊은 이름이다. 암튼 나는 이 호를 옛날, 진해에서 사군자를 배울 때 스승에게서 받았고, 용인에 살고 있는 지금도 난정뜨락 주인이다. 여기가 문학미술의 집 난정뜨락이라고 아예 바위에다 새겨 놓았다.

나는 드디어 수예작품 '최후의 만찬'을 1985년 제5회 서울예술

<정>(세종미술대전 동상)

<달, 구름, 파도, 송학도>(제20회 대한민국전통 공예대전 자수 입선)

제에 출품하였으며 입선하였고, 남편이 그것을 전시장에서 냅다 떼어 왔다. 내가 생각하기엔 전 수공예 부문 입선이니 그것도 괜찮은 거였지만, 그의 생각엔 입선이 용납되지 않았던 것이다. 그는 아내가 3년씩이나 도를 닦듯이 만든 작품이란 것을 내세웠고, 특선을 주어도 모자랄 판에, 왜 입선을 주었느냐고 항의하면서, 심사위원들의 심사 기준에 대한 잣대를 가지고 거창하게 성토한 뒤에 그것을 떼어 왔다는 거였다. 하지만 3년간 틈틈이 수놓았다는 것과 3년이란 기간이 걸렸다는 것에는 해석에 거리가 있어서 나로서는 그 주장이 일순 부끄러웠는데, 어쨌든 남편의 말과 같이, 수놓는 일이란 도 닦는 일과 맞먹는 일이었다. 해서 나는 내가 한 작품 한 작품 수놓아 완성하던 그 인고의 과정을 내 피부에 저장하여 소설 작업에 있어서의 저력으로 삼고자 했다. 소설이란 얼마나 거대한 산인가를 너무나 잘 알고 있었기에, 그런 준비 없이는 뒷걸음치기 십상이라는 계산을 한 것이었다.

이후 1986년부터 1988년까지는 내 그림들이 서독 등지에서 개인전을 하여 날개를 달았었는데, 당시 서독 광부로 갔다가 거기서 한인회 회장도 역임하는 등 거의 독일 사람이 되어 버린 나의 외삼촌 故 정창석 씨의 주선이었다.

첫 시집과 첫 장편소설의 탄생

내 나이 40이 되기 전의 어느 날 나는 문득 길을 걷다가 은행잎이나 벚나무 단풍잎을 따기 시작했고 그것을 하나하나 책갈피에 눌러 작품을 하기 시작했다. 눌러 놓은 단풍잎들을 화선지에 놓고 약간의 그림을 그리고 거기에 붓으로 시를 적기 시작한 것이었다. 일일이 코팅을 한 그 시는 거의 즉흥시들로 130여 점이 모였는데, 화곡동에서 봉천6동으로 이사를 하여서는 그것으로 시집을 내면 어떨까 하는 생각을 했다.

1989년 여름의 나는 첫시집 「가을 시인에게」를 내기 위해 난정 뜨락 구석진 곳에 책상을 놓고 세숫대야에 발을 담갔다. 그리고 여름 내내 작업을 했다. 책을 어떻게 내는지 전혀 모르는 채로, 출판사에서 제공해 준 모눈종이를 밑에 받치고는 편집이 뭔지도 모르면서 편집을 한 것이었다. 선풍기 바람도 없이, 오로지 찬물에 발만 담그고는 그렇게 열정을 쏟았다.

첫 시집 「가을 시인에게」 뒷표지

그래서 내 첫 시집은 육필시집으로 자유문학사에서 나왔는데, 초판 30,000부 발행이었다. 하지만 코팅 작품 그대로 나온 건 아니었다. 거기에 적힌 내 글씨와 시의 작품성을 인정, 그걸로 새로이 모눈종이에다 써서 육필시집을 내자는 제안이었던 것이다. 그 중 한 편만 소개한다면 '둥지'라는 제목의 시로써 다음과 같다.

여덟 평 집에서 나는 살아요
다락까지 합치면 열 평은 되지요

삼분의 일 평은 되는 화장실엔
노오란 장미 그림으로 울타리를 쳤지요
그래, 작은 독서실도 되지요. 열 평짜리 집에서
내가 살지만
없는 게 없고 못하는 것도 없지요

딱 내 삶의 공간 그대로였다. 당시 내가 MBC 라디오 여성시대에 출연했었는데, 난생처음 연예인(이효춘, 봉두환)을 가까이에서 만나 대화를 나눴다. 그때 배우 이효춘이 저 시 '둥지'를 골라 읽었다.

그렇게 시집이 나오고 나자 도서출판 이사야에서 내 첫 장편소설 「내일은 죽을 수 없는 여자」가 나왔다. 시집 「가을 시인에게」

에 반한 어느 지인의 추천인 거였다. 장편소설 작업에 비하면 시집 만드는 일은 아무것도 아니라고 할 수 있다.

물론 「가을 시인에게」처럼 특이한 방법은 아니었지만, 나는 원고지 1,000매 이상의 장편소설을 가게 딸린 단칸방에서 은근과 끈기를 총동원하여, 죽자고 파고들었다. 아버지의 '죽자고 들면 살길이 보이느니…'라는 궤변을 신봉하는 시절이었다. 장편소설 한 편이 든 원고지는 두 팔에 가득 안기는 한 보따리의 묵직한 분량으로서 요즘 사람들은 상상도 할 수 없을 것인데, 물론 이 작업은 시집을 내기 훨씬 이전부터 조금씩 해 오던 작업이었지만, 봉천6동으로 와서는, 아니 첫 시집을 내고 나서는 원고지 채우기에 더더욱 박차를 가했다.

한편 내가 「가을 시인에게」를 내고 나자 한 친구(고교 동기)가 전화해선 '축하한다'는 말 대신 대뜸 그림 108점을 그리라는 거였다.

'나도 너처럼 시집을 낼란다. 내가 어느 스님한테 물어봤는데, 네가 장애를 입은 것은 네가 전생에 살생을 많이 한 업보로 그리된 거란다. 그 업보를 사하려면 백여덟 장의 그림을 그려서 내 시집에 기증해야 된다더라.'라는 무시무시한 말이었다. 나는 그 길로 그 친구와 연락을 끊어 버렸고, 다시는 만나지 않으리라 마음을 다져 먹었다. 내가 이 정도로 클 수 있었던 이면엔 그 친구의 독설이 밑자리를 깔았다는 사실을 정작 그 친구는 모르리라.

당시 초등·중등생이던 두 아들은 가게 위로 다락방을 만들어 거처하게 하고 우리 부부는 장롱 하나 놓고 나자 겨우 둘이 누울 수 있는 비좁은 공간에서 잤는데, 나는 거기에 엎드려서 원고를 썼다. 그냥 엎드린 게 아니었다. 장편소설 쓰는 작업이란 게 밤에만 진척이 있어서 나는 남편의 반대 방향으로 누웠다. 남편의 취침에 방해되지 않게 하느라고 이동식 스탠드 '집게 자바라'를 머리맡에 장치하고 밤새 칸칸이 원고지를 채웠던 것인데, 돌이켜 보면 나는 날마다 기적을 창출하였었다. 어떻게 밤새도록 원고를 쓰고 새벽부터 밥을 해서는 아이들 도시락까지 쌌던지, 도저히 믿을 수 없게 치열한 나날이었다.

어쨌든 시집 「가을 시인에게」를 내고 나서는 내 소설에 대한 열정에 서서히 불이 붙었고, 그것이 도무지 꺼지질 않았다. 너무나 팍팍한 삶이었지만, 이렇다 할 수입도 없는 생활이었지만, 나는 무턱대고 소설 쓰기에 매달렸다.

그리고 1990년, 내 첫 장편소설 「내일은 죽을 수 없는 여자」가 나왔는데, 하지만 나는 몰랐다. 세상에는 신춘문예라는 관문이 있고 그 관문을 통과해야만 비로소 제대로 활동할 수 있다는 것을 말이다.

날개 없는 영혼과 비밀 낙서첩

그렇게 아무것도 모른 채로 우연한 기회에 방귀희 발행인의 『솟대문학』 발족식에 참가하는 등 인연이 되어 솟대문학 회원이 되었는데 그 창간호에다 소설 한 편을 올렸다. 제목은 '억세게 재수 좋은 사나이'로 파월 용사 남편의 경험담이었다.

그리고 나는 또 한 편의 장편소설을 썼는데 제목이 '날개 없는 영혼'이다. 나는 그것으로 제1회 곰두리문학상(제1회 대한민국 장애인문학상)에 도전했고 상금 500만 원짜리 당선도 아닌 상금 250만 원짜리 가작(준당선) 수상을 했다. 당시 김양수 선생님, 구인환 선생님 등이 심사위원이셨는데, 내가 제대로 된 당선자가 못 된 이유가 참 기가 막혔다. 문장이 흡사 박완서처럼 매끄럽게 읽힌다는 것, 신인 같지 않아서, 소설 내용의 주인공이 장애인이 아니어서라는 것, 참으로 받아들이기 힘든 가작 수상이었다.

왜 장애인은 장애인 소재만으로 글을 써야 하는가. 그래서 어떻게 비장애인과의 경쟁에서 이길 수 있겠는가? 이만저만 불만이 아니었다. 장애인이 비장애인을 추월하려면, 아니 장애를 초월한 글로써, 장애인이기에 더욱 훌륭한 글을 낼 수 있음을 보여 줘야 한다는 결심이 서지 않을 수 없었다. 그리고 나는 공언했다.

'나는 앞으로 장애인문학상 외의 다른 문학상은 수상하지 않겠다. 그래야만 장애인문학상의 위상이 올라갈 것이다.'

비록 준당선이었지만 내 소설은 장애인복지신문사에서 단행본으로 발간되었다. 그때가 내 문학 인생 초반의 황금기였던가, 1990년에 이사야에서 두 번째 시집 「사랑의 안팎」이 출간되었고, 1991년 5월엔 주변인의 길에서 「비밀 낙서첩」이 출간되었다.

나는 88올림픽이 열렸던 1988년도에 흑백 컴퓨터를 구입했었는데 삼보컴퓨터였다. 당시 장애인복지신문사가 봉천동에 있었고, 거기서 내 소설 연재가 시작되었는데, 나는 그 주인공의 이름을 (삼보컴퓨터의 이름을 차용) 김삼보로 지었다.

진해 여좌동에서 유리가게를 하고 있는 김삼보. 그는 척추장애인으로서 세상만사 긍정의 힘으로 유머러스하게 살아가는 씩씩한 남자였다. 내가 진해에서 살 때 만났던 사람인데, 그는 남편이 하는 '길엽표구점'에 단골로 유리를 배달해 주던 사람이었다. 그 사람은 참 희한한 성격의 소유자로 언제나 상대방을 유쾌하게 하는 언변을 타고 난 사람인 것 같았다.

벚꽃이 화르르 내리는 날, 유리를 어깨에 둘러멘 자그마한 몸피의 김삼보가 가게 앞을 스치는 모습은 지금 생각해도 환상적이었

?

1991년, 곰두리문학상 시상식에서

1991년, 곰두리문학상 시상식에서

다. 그리고 그는 단연 내 소설의 주인공이 된 것이었다. 장애인 소재로 글을 써야만 준당선이 아닌 당선이 된다는 그 이상한 철칙을 따를 겸, 내가 눈부실 정도로 멋지게 살아가고 있는 척추장애인을 연재하고 있었던 거다.

그 소설이 꽤 인기가 있었던지 모 출판사 사장님이 계약금 50만 원을 들고 방문하였다. 그 원고를 넘기라고. 그래서 나는 그게 연재 중이고 완성되지 못해서 그것은 안 되고 다른 원고를 드리겠다며 당시에 써 놓았던 장편 2권 분량의 원고를 복사해서 주었다. 그리고 얼마 있다가 그 출판사가 문을 닫게 되는 바람에 나는 일시에 장편소설 상하 권이 나온다는 꿈을 접어야 했다. 그랬지만 그 원고는 한 보따리 고이 보관했다.

오다가다 만났고, 들을 만한 이야기라곤 월남전에서 살아나온 이야기밖에 없는 남편과 나는, 한동안 둘 다 사주에 역마살이 끼어 있거니 여겼다. 그런 만큼 전국에 걸쳐서 이사를 했는데, 우리 아들 둘에게 이사와 관련하여 소원을 말하라고 하면 정색하고 그러는 것이었다. '나중에 결혼해서 자식 낳으면 절대로 전학 같은 거 안 시켜요.' 자기 자식새끼는 적어도 초등학교 6년간은 한 곳에서 한 학교를 다니게 하겠다는 게 두 녀석의 첫 번째 소망이라고 하였다. 그도 이해가 되는 것이 둘 다 서울 태생인 녀석들이 과연 몇 개의 초등학교를 거쳤느냐고 꼽아 보면 큰 녀석은 6개교, 작은 녀석은 5개교이다. 구체적으로 들자면 또 그러하다. 그 학교들이 진해의 도천초등학교, 부산의 부민초등학교, 서울의 신월초등학교, 월정초등학교, 봉천초등학교, 신봉초등학교로, 진해, 부산, 서울, 서울에서도 강서와 관악 지역에 골고루 분포되어 있는 것이다. 해도 해도 너무했다고 반성해 본다.

  나는 남편을 만나고서 처음부터 그런 생각을 했다.

  '열심히 사노라면 내 집 한 칸은 마련할 수 있으리라. 전쟁터에서 목숨을 부지해 온 사람이니 뭐가 달라도 다르리라.'

  그러나 갈수록 길은 멀었다.

  남편은 도대체 처자식을 벌어먹이겠다는 명분의 돈을 벌 궁리와는 담을 쌓은 것 같으면서도, 사대육신이 멀쩡한 이른바 한 집안의 가장이다. 아내를 도운다고 표구 기술을 익혀 표구사 경영은 하였어도 이날 이때까지 출근이랍시고 해 본 적이 하루도 없다. 그러면서도 수중에 돈이 들어오면 그것을 꽁꽁 숨기기만 하면 장땡인 줄로 안다.

  결혼 50년이 지난 요즘도 그 버릇은 여전하지만, 내 가방(통장과 신용카드가 여럿 들어 있는)을 자기가 아무렇게나 벗어 팽개친 옷으로 감싸 놓는가 하면 자기 베개 뒤에 숨겨 놓기도 한다. 내가 가방에서 무엇을 꺼내려고 하면 일단 남편에게 내 가방의 행방을 묻고 보는 것이 내 오랜 습관이 되어 버릴 정도이다. 막상 자기 지갑은 깜박할지언정 내 가방은 절대로 잃어버리지 않는 대단한 지킴이. 가방이 무겁다는 이유를 대며 손수 마누라의 가방을 들고 나가 주시는 남편.

그러나 나는 평생 그 보조를 맞추지 못한다. 남편이 들고 나가기 전에 미리 챙겨 넣었어야 했는데, 그게 그리 쉽지 않았다. 그래서 툭하면 가방에 넣을 소지품을 따로 들고 허겁지겁 남편을 따라 나가는 우스꽝스러운 연출을 벌일 수밖에 없었고, 아직도 그러고 산다. 그뿐이랴, 남편은 몇 푼이라도 생기면 그것을 밑천 삼아 몇 배로 늘려야만 먹고살 수가 있다는 세상살이의 기본 원칙을 아직도 터득하지 못하였다. 재료값이 아까워 상품을 만들어내지 못하는 사람인 것이다. 좋은 작품을 만들려면 좋은 재료를 써야 한다는 이치를 아직도 터득하지 못한 사람이다. 그래서 나는 항상 허덕허덕하지 않을 수가 없었지만, 무엇에 햇살이 들어도 마음이 한창이라더니, 남편은 나를 지극히 사랑한다는 깃발만을 내세우고 항상 내 일거수일투족을 감시하는 한편 내게 생계주도권을 일임했다. 그리고 그것이 미덕인 줄로 알고 있다.

서울에 살던 우리는 용인의 땅을 1984년 12월(토지거래허가제가 시행되기 직전)에 매입하였는데, 그 자금은 거의 빚이었다. 언제나 빚으로 생활해 왔던 터에 땅뙈기를 장만하는 일이라고 다른 방법이 있을 수 없었다. 사실 우리의 희망뿐만 아니라 소시민의 최대 희망이란 것 중 하나가 집 장만일 것이다. 그랬지만 서울 바닥에서 집을 장만하기란 너무 아득한 일이고 해서 궁리 끝에 빚을 내어 서울 변두리의 땅을 사 둔 거였다. 서울에 거주하면서 자신 명의로 시골의 농지를 매입하려면 그때가 마지막 기회였다.

전통공예대전과 달, 구름, 파도 그리고

　1992년 10월, 우리는 드디어 서울 생활을 청산했다. 두 아들이 다 자라도록 가게 딸린 사글셋방에서 견뎌 내는 데에 한계가 왔다고 여기던 차였다. 가겟세도 터무니없이 오른 터에, 변두리에 사 놓았던 땅에 무허가 오막살이라도 있다는 것이 그나마 우리에게 마지막 희망을 걸게 해 주었다. 게다가 나의 아들 둘은 독립하기 전에 각자의 방을 가지는 것이 소원이기도 했으니까.

　이사 와서 얼마 후, 느닷없이 전화가 왔는데 오래전, 중학교 동기였다. 그녀의 말이, 자기 아들이 서점에서 시집을 사 왔는데 시 한 편에 너무 감동하여 자기 애인한테 선물하려고 샀다는 거였다. 그 시집의 저자가 주영숙이라 아무래도 너 같아서 출판사에 문의하여 전화한 거라며 수선을 떠는 거였다. 두 번째 시집 「사랑의 안팎」에 있는 시인데, 그 전문을 소개하자면 이렇다.

네 미소는/석류 알/네 몸은/싱그러운 풀//
마주 잡은/손등엔/눈물 한 점/방울져 구르네//
그 어떤/아름다움을/이 순간에다/비할까

이 시가 완벽한 시조 형태라는 것을 나는 2000년도에 와서야 깨달았다.

나는 서울에서부터 해 오던 한복 그림을 주문받아 그리기와 인사동에 그림을 내다 파는 걸로 생계수단을 삼았다. 그리고 두어 달 몇 화가와의 경쟁 끝에 한국의집(한국문화재보호재단) 전속화가가 되었다. 부채춤의 부채 그림을 납품하게 되었는데, 한편 풍덕천에 공예방 가게를 내는 등 살아 보려고 무진 애를 썼다. 담양에서 부채를 사 와서 거기에 그림을 그려 팔기도 했고 아름다운 부채전에 출품하기도 하는 한편 수를 놓았다.

그러다 무허가 외딴집은 그대로 두고 200여 평의 땅에 조촐한 농가주택을 지었는데 본채는 기와집을 흉내 낸 슬레이트 지붕에 25평짜리였다. 또 농가주택이라는 이점을 이용하여 10평가량의 창고를 지었는데 그 창고는 애초부터 내 화실로 쓸 계획을 했고, 실제로 화실로 썼다. 사업자등록까지 낸 난정뜨락.

이즈음 큰아들은 서울에서 에니매이션 작가로 활동하느라 집에 없었고 작은아들도 군에 갔다. 해병대 하사관 시험을 쳐서 들어간 것이다.

그리고 1995년, 나는 제20회 대한민국전통공예대전에 입선하였는데, 그 작품의 기본은 이당 김은호의 궁중벽화에서 따온 백학도이다. 이 자수 작품을 해내기 위해 거제도의 친정어머니를 집에 오시라 했더니, 어머니는 당신의 언니인 이모님과 함께 오셨다. 그리고 두 분이 내 살림을 야무지게 해 주시고 있는 동안 나는 이 작품을 약 2개월에 걸쳐 완성했고, 출품, 입선한 것이었다. 경복궁에서의 전시 기간 동안 나는 어머니와 이모님을 모시고 관광 삼아 경복궁으로 갔는데, 거기서 자수장(인간문화재)을 만나선 그녀를 내 작품 앞으로 이끌었다. '이 작품이 왜 특선을 못 받았는지 설명 좀 해 주세요.'라고 했더니 대뜸 '선생이 누구요?' 그러시는 거였다.

"없습니다. 저 혼자 했습니다."
"그게 결격사유 한 가지로군. 그리고 전통 방식을 따르지 않은 것이 문제요. 솔잎을 저렇게 사실처럼 무성하게 한 것이 전통방식을 따르지 않은 것이거든."
"꼭 솔잎을 몇 가닥만 수놓는 식의 전통을 따라야 하는 건가요? 전통이 전승되려면 좀 현대적 감각에 맞게 발전되어야 하는 것 아닌가요?"
"그리고 옆에 사인을 한 게 또 결격사유였소. 소위 '장인'이라는 사람이 감히 자기 작품에 버젓이 이름을 새기다니, 안 될 말이오."
"아하, 이름을 숨겨야 하는군요?"

"액자 뒷면에다 이름을 적어도 될 것을 왜 이렇게 했소?"

내가 내 수예작품에 이름을 새기는 것은 과거 진해에서 꽃바람 수예점을 할 때 크게 깨달은 바가 있어서였다. 나는 진해에서 '겟세마네 동산에서 기도하는 예수님'을 여섯 작품 만들었는데 그 작품들은 주로 외국인에게서 주문을 받았거나 선물용으로 나갔다. 그때 나는 내 작품 끄트머리에 '꽃바람'이라는 글자를 꼭 새겨넣었다. 왜냐하면 작품에 이름을 새기지 않으면 그 작품을 누가 만들었는지 모르게 되고 그러면 작품 가치가 없어진다고 외국 손님이 알려 주었기 때문이다.

'일천구백구십오년 팔월 이십팔일, 글씨가 정자가 아니고 흘림체네요', '낙관까지 새겼는데, 이 낙관이 좀 비뚤어졌습니다.' 등등… 예술적 감각이 없어 보이는 자수장의 경직된 고정관념에 숨이 막힐 것 같았다. 그러나 심기일전하여 다시 질문했다.

"또 뭐 없을까요?"
"배경을 빽빽하게 채웠으면 아마 특선 이상을 받았을 것이오."

그 뒤에 나는 베 짜는 여인을 수놓기로 했다. 화폭 전체를 빼곡하게 수놓을 6폭짜리 병풍. 이 병풍의 도안을 만들기 위하여 용인 민속촌, 안동 등지로 다니며 베 짜는 여인의 초안을 잡았고 당장 서울의 세운상가에 가서 수 재료를 사 왔다. 그리고 또 다른 대작의 수놓기에 발을 놓았다. 우선 가장 중심이 되는 여인의 얼굴 등 모습이 대부분 나타나는 세 번째 폭부터 시작하였는데 하지만 마음만으론 금방 할 것 같았지만 그것이 쉽지 않았고, 그러나 꾸준히 하여 베 짜는 여인의 얼굴을 포함하여 저고리 밑에까지는 수놓았다.

<달구름>(좌)

<달구름>(우)

작은 거인의 딸, 그리고 여자는

　그런 한편 나는 『용인문학』에서 회장으로 추대되어 활동하기 시작했는데 이 기간에 워드 작업을 하여 1998년 1월과 2월에 걸쳐 장편소설 두 편 3권을 냈다. 그중 1권은 「작은 거인의 딸」로 서울 살 때 장애인복지신문사에 연재하던 그 소설이었고, 상하권 「여자는 몇 번 사랑하는가」는 바로 모 출판사에서 선인세 50만 원을 받고는 무산되었던 그 소설이었다.
　나는 이 작품들을 워드로 옮기느라 또 고생해야 했는데, 두 손 합쳐서 두 개의 손가락으로 키보드를 치느라 진도가 나가지 않아서 당시 용인문학의 회원 한 사람에게 소정의 수고료를 주고 워드 작업을 부탁했다. 그리고 내 작품들을 디스켓에 저장하여 출판사로 가져갔고, 소설집이 1, 2월에 각각 다른 출판사에서 나오게 된 것이었다. 그런데 결코 자비출판은 아니었지만, 내 작품집으로 인세 한 번을 받은 적이 없었다. 솔직히 돈을 바라고 책을 낸 것은 아니었지만, 내 돈 안 들어도 책을 낼 수 있었다는 사실에 대하여만 감지덕지하였다. 그런데 사실 내 책은 꽤 인기가 있었다. 「여자는 몇 번 사랑하는가」 상하권은 초판 몇 쇄를 찍어 댔지만 내게 인세를 줄 생각도 하지 않았고 「작은 거인의 딸」은 아예 인세 전부를 장애인 후원금으로 기탁한다는 신문기사까지를 내 버리는 거였다.

문학으로 돈을 번다는 생각은 애초에 접어야 했다. 그로부터 한 십 년 후에 「여자는 몇 번 사랑하는가」가 나온 출판사에 전화를 걸었더니 '원고료를 드려야 할 텐데 아직 못 드려서 죄송하다.'고 하기에 나는 '됐다.'고 해 버렸다. 나는 문학으로 돈을 벌 수 있다는 생각을 애초부터 안 했다. 그저 내 손으로 세상에 둘도 없는 멋진 작품을 내겠다는 그 열망만으로 살맛을 느낄 뿐이다.

용인군 수지면 상현리 596번지의 우리 집은 지붕이 슬레이트이긴 했어도 포석정 같은 연못도 만들고 마당 가득 봉숭아를 심어 호화주택에 사는 것처럼 살았다. 그러다 우여곡절 끝에 1997년에는 이층을 올렸다. 그런데 붉은 벽돌 이층을 올리고 보니 애초 시멘트 블록으로 지어졌던 아래층이 을씨년스럽기 짝이 없었고, 그렇다고 해서 또 돈 들여 아래층마저 붉은 벽돌을 두를 수는 없고 하여, 두 소설집을 낸 그해 1998년엔 아래층 외벽에 그림을 그리기 시작했다. 아래에는 큰 돌을, 위로 가면서는 점차 작은 돌을 그리되 돌과 돌 사이엔 조막만한 돌을 박아 넣기까지 하여 고향 동네 돌담 분위기가 물씬 나는 그림이 되게 시도하였던 것이다.

?

돌 그린 집, 난정뜨락(외벽에 돌 그림을 그려 넣어 고향 동네 돌담 분위기를 만듦)

초벌구이 도자기에 그림 그리는 모습

외부용 수성 페인트를 재료로 삼아 마치 미장하는 인부인 양 벽화를 그리면서 나는 그릴 때마다 몸이 삐걱거리거나 욱신거렸다. 그러나 육체의 고통이 정신을 맑게 해 주는 역할을 하는 거라는 신념으로 잘도 참아 냈다. 그림이 처음 생각했던 것보다는 걸작이 되어 가고 있는 것에 스스로 도취하여 날만 화창하면 작업복을 입고 사다리를 오르내렸고, 그림 그리는 동안 화장실 출입을 참아 내느라 물 마시는 걸 자제하기도 했다. 기운생동의, 단숨에 그리기 화법을 택했으므로 한 번에 두 시간씩 계속 서서 그려야만 리듬을 놓치지 않는다고 스스로에게 명령했던 것이다. 그동안 남편은 '저 여자가 저러다 제풀에 지칠 거다.' 싶었던 모양인지 비정상적인 육체를 가진 내가 흔들흔들하면서 가까스로 사다리를 짚어 올라가는 것에 도와주는 횟수보다 '도대체 뭐 할라고 시작했나 몰라.' 하고 핀잔주는 횟수가 잦았다. 하지만 나는 그렇게 말하는 심정을 이해하였다. 우리 어머니가 내게 그랬다. 앞에도 언급했지만, 어머니는 내가 다리를 써서 하는 일은 뭐든지 못하게 했는데, 심지어는 학교 소풍조차도 못 가게 했다. 겨울에만 집에 들어앉으심으로 가끔씩 만나던 아버지야 어머니완 정반대로, 딸에게 아픈 다리 혹사하기를 종용했었지만 말이다.

어쨌든 나에게 하등의 보탬이 안 될 남편의 만류를 무릅쓰고 나는 '다 그리고 나서 보자!' 하고 이를 물었다. 그리고 의도적으로 미쳤다. 그 무슨 일이든 미쳐야만 이룰 수 있다는 신념도 작용했었지만, '내가 그림을 그릴 때는 나의 몸을 벗어 놓는다.'라는 말

?

쌍용 사외보에 소개된 수놓는 모습

?

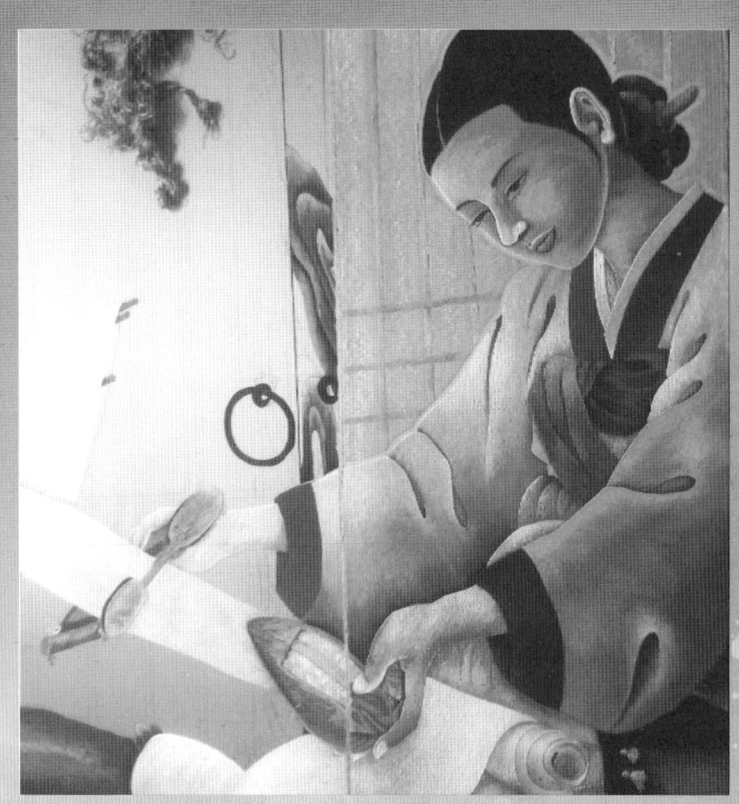

<베 짜는 여인>

을 남긴 피카소의 가르침을 십분 활용하기로 한 것이었다.

그렇게 돌 그린 벽이 거의 완성되자 그제야 남편이 팔을 걷어붙였는데, 그래서 베란다 밑이나 이층 올라가는 계단 밑의 기둥 등 나머지는 남편의 꼼꼼한 솜씨가 들어가 중간 톤의 보라색으로 옷을 입었고, 나는 기둥 몇 개의 나머지 공간에 모란꽃을 그리거나 학, 또는 간단한 풍경을 그려 넣기도 하여 무사히 집 장식을 마칠 수가 있었다.

그러자 어떻게 알았는지 쌍용 사외보에서 나를, 아니 돌 그린 집인 난정뜨락을 취재 왔고, 내가 수놓는 모습이랑 초벌구이 도자기에 그림 그리는 모습이랑 모두 찍어 가서 사외보에 게재하였다.

아픈 다리를 부러뜨리고

　그리고 바로 그해 1998년 추석 다음 날에 나는 다리를 부러뜨렸다. 지금은 너무 부지런해서 탈이지만, 당시만 해도 남편은 참으로 잠이 많았는데, 아무튼 아침잠에 도취된 남편을 들쑤셔 깨워 화실로 쓰던 방마저 세를 놓으려고 주방과 화장실을 달아낸 별채의 천장을 도배하다가 다리를 부러뜨렸다.
　남편은 표구기사고 표구기사는 즉 풀칠장이라, 나는 남 줄 거 없이 우리 둘이서 도배를 하자고 졸랐다. 그 당시 남편은 무슨 일을 하든 우선 밥 먹고 하자는 위주였다. 밥을 먹고 나면 한잠 자고 하자 하고, 한잠 자고 일어나면 손님이 오거나 하려던 일을 까먹거나 하다가 또 밥 먹을 시간이 돌아오고 잠잘 시간이 돌아오고 하는 것이 나날이 되풀이되어 왔었다. 그래서 그가 하는 대부분의 일이 나의 재촉이 없으면 마비 상태에 이르기 일쑤였다. 내 생각으론 해야 하고 자기 생각으론 급하지 않은 웬만한 일은 미루어지기 마련이었던 거다. 게다가 남편은 나의 추진력에 항상 '무슨 여자가 한번 말만 끄집어내면 완전 미쳐, 미쳐!' 하면서 핀잔의 포탄을 쏘아 댔고, 나는 언제나 남편의 소극적인 일 처리에 숨이 콱콱 막혀 기절초풍 직전이 되다가 기어이 인내, 또는 포기의 도를 닦아 왔다. 필연적인 기회가 주어지지 않는 이상, 무슨 일에나 잠을 자고 보자는 주의 때문이었다. 그러므로 도배를 해야 함에 있어서는 귀찮아도 모종의 작전을 수행하지 않을 수 없었다.

일찍 일어나는 새가 벌레를 먼저 잡는다고 해 가며, 새벽부터 일어나 마당 쓸고 들어와서는 남 출근 직전의 아침 식사나 마찬가지의 아침 식사를 하고, 그러고서 달콤한 아침잠에 들어간 남편을 깨울 수밖에 없었다. 어떻게 하든지 살살 달래서 도배를 해야만 세를 놓을 수 있을 것이어서, 나는 늘 하던 레퍼토리대로 우리가 돈이 어디서 들어오나, 저 방을 세 놓아 한동안 또 견뎌야지, 하고 어찌어찌 구슬려 벽 도배에 이어 천장을 바르기 시작했다. 벽화를 그릴 동안 높은 곳에 올라 작업하는 실습을 충분히 했던 나는 아주 자신만만하게 남편과 같은 높이가 되게 원목 의자에 올라서서 남편의 도배 작업을 도왔다. 한편으론 내가 그렇게 입에 혀처럼 거들지 않으면 일을 하다가 이내 중단해 버릴 확률이 다분하기도 했으니까 말이다.

그런데 어쩌다가 한순간에 원목 의자가 자빠졌고, 자빠지면서 일을 저질렀다. 가엾은, 왼 다리의 반쪽도 못 되는 굵기의 내 오른 다리 무릎 아래를 치고, 친 것도 모자라서 함께 나동그라진 거였다. 뚝, 하고 뼈 부러지는 소리와 함께 나는 비명을 질렀다. 그리고 남편은, 원목 의자를 시멘트 바닥에 내동댕이쳐 대다가 낫으로 찍다가 도끼를 찾아 헤매다가, 별의별 방법을 다 동원하여 토막토막 내느라 혈안이 되었다. 만약 그 행사를 방해한다면 있는 욕 없는 욕 다 들어먹을 위기에 놓였던 나는 남편이 의자를 완전히 박살 낼 때까지 신음을 꾹꾹 참고 기다려 주었다. 그래서 시간이 꽤 지나고 나서야, 이웃에 살던 외삼촌의 종용에 의해서야 이윽고 동수원 정형외과에 실려 가게 된 거였는데, 나는 신음을 삼키는 한편 아버지를 떠올렸다. 깁스하여 입원해 있으면서도 내내 아버지를 생각하며 훌쩍훌쩍 울었다.

큰딸과 둘째딸이 출가하였고, 바야흐로 막내딸마저 시집보내게 되었던 아버지는 갑자기 천장 도배를 서둘렀다는 거였다. 추석 뒷날, 아버지는 천장을 반쯤 발라 놓고 실족하였으며, 생전 처음 병원이란 델 실려가 다음다음날인 열아흐렛날에 세상을 등지시고 말았다. 물론 사라호 태풍으로 인한 지병을 갖고 계셨기 때문이긴 하였지만, 아버지가 돌아가신 직접적인 원인은 바로 천장을 바르다가 실족한 그것이었고, 나 역시 추석 뒷날에 천장을 반쯤 바르다가 실족한 거였다. 온몸에 소름이 돋을 지경으로 일치한 실족사건. 사람은 한 번씩 이차원적으로는 이해하기 힘든 기이한 일을 겪게 되는 모양이었다. 더군다나 아버지와 나처럼 비슷한 영혼을 가지고 있을 경우엔 두말할 필요도 없을 거였다.

"소설가라는 직업이 그리 쉬운 것인 줄 아느냐. 만물박사가 되어야 하는 것은 물론, 일류에서 사류 인생까지도 살아 보아야 되느니라."

아버지의 그 어조는 아직도 내 귀에 생생하다. 그래서인지 아버지를 향한 일련의 질문은 두고두고 내 가슴속에서만 맴돌며 아픔을 자아내곤 했는데, 그 어떤 약으로도 해결할 수 없는 아픔이었다.

"꼭 박사가 되어야 하는 것은 아니잖아요? 모든 경험을 다 해야 하는 것도 아니잖아요? 왜 못한다고, 왜 나는 소설가가 되면 안 된다고 하셨나요?"

혹독했다. 두고두고 혹독했다. 아버지의 주문대로라면 딸은 산전수전 다 겪고 폭삭 늙어야만 비로소 소설 창작에 입문하리라는 예언이 아니던가. 그랬다. 아버지의 그런 주문은 나에게 있어 오랫동안 마(魔)의 진리로 행세하였다.

소설을 몇 편이나 냈으면서도 나는 아직 내가 소설가라는 것을 인정하지 못했다. 소설을 발표했으면서도 소설가 되는 일이 무서웠다. 실제로 추리소설이나 탐정소설을 쓰려면 수학은 물론 우주과학까지 섭렵해야 할 것이라는 생각이 들기도 했다. 도무지 문학이라는 그것은 갈수록 첩첩산중이 아닌가. 도대체 신춘문예라는 그것은 글을 어떻게 써야 당선되는 것일까. 나는 정말로 소질이 없는 것은 아닐까. 게다가 아픈 다리를 또 다치다니…… 나이 사십 줄을 이미 넘겼고 오십 줄을 향하여 치닫고 있던 그 시점에서 새삼스레 문학이란 것을 시작한다는 것은 아무래도 덧없는 짓이 아닌가 하여 좌절하기도 했다. 그리고 당면한 현실 앞에서 나는 무언가를 깨달았다. 이전에는 내가 장애인 축에 들지 않았다는 것을. 비로소 모든 장애인과의 형식적인 공통분모를 가질 수 있는 여건이 주어지고 나서야, 다시 몸을 일으켜 문학을 넘보기 시작하였다.

앞으로 계속 살려면 뭐라도 목적을 세워야 했다.
살아가야 할 명분, 그것은 무엇일까. 전전긍긍하던 나는 문득 대학 입문을 생각했다. 그랬다, 그것은 기발한 생각이었다. 확실히 살아갈 명분이 되는 기막힌 일이었다. 내 벽화들이 산산이 부서져 흔적 하나 남지 않는다고 하더라도 나는 꿋꿋이 살아 내야 했고, 살려면 또 다른 명분을 찾아야 했는데, 그게 바로 대학 입문인 거였다.
사실 최종학력이 고졸이라는 것에 대하여 스트레스를 받기도 하였다. 아무리 시집을 내고 소설집을 내도 고졸 학력은 내게 또 다른 장애였다. 은근한 무시를 당하기도 했고, 노골적인 무시를 당하기도 했다. 한마디로 결격사유였다.

만학도의 대학 입문

나는 숨이 찼다. 몸 어디선가 삐걱거리는 소리가 나는 것도 같았다. 줄곧 느끼는 거였지만 계단이 너무 많고 또 멀었다. 수없이 많은 계단을 올랐는데도 겨우 강의실로 오르는 계단 앞의 로비였다. 나는 또 그때의 내 나이쯤에 돌아가신 아버지 탓을 하였다.

'아버지 때문에 많이 늦었잖아요.'

아홉수의 고비 넘기기를 어떤 파도타기처럼 해 왔던 나는 마흔아홉 1998년 가을에 아픈 다리에 깁스까지를 하게 되었고, 내 인생에 있어서의 새로운 도전이랍시고 대학에나 다닐까? 라고 실없는 목소리를 내었고, 그 말이 떨어지자마자 옳다구나 싶었는지 거기 문예창작학과가 있습니까? 언제 생겼습니까? 하고 부랴부랴 수소문한 뒤에 집에서 엎어지면 코 닿을 곳에 있다는 단순한 이유로 나를 경기대학교에 입학시키기로 정한, 날마다 나를 사랑한 나머지 나 잘되기만을 바라고 또 내 기쁨을 자기 기쁨으로 아는 저이에게 내가 실려 갔다.

나는 남편이 온 시장바닥을 뒤져 구입한 요강단지를 승용차에 싣고 30년 전의 학교인 거제고등학교를 찾아가 입학 서류를 준비하였다. 그리고 깁스를 하고 나도 왼 다리보다 가늘어 보이는 오른 다리를 뻗치고, 양 겨드랑이에 목발을 끼운 채, 터덕터덕 대학교의 본관 계단을 올라가 문예창작학과에 원서를 접수시켰고, 신기하게도 합격하였다. 그리고 맨 처음 민 선생님께 내 대학 진학을 알렸더니, 그는 대뜸 그러시는 거였다.

"거기 좋지. 경기대에 이문구 선생님 계시잖나. 정말 잘됐다. 가서, 소설이 뭔지 한 번 배워 보라구!"

이문구? 아, 관촌수필?…… 어쨌든 나는 깁스를 푼 며칠 뒤의 입학식 날부터는 마치 시작한 주책에 덤을 얹은 것같이 약 2개월간 동부화재 휴먼다큐멘터리에 출연하는 요란을 떨며 사뭇 흥분하였다. 그렇지만 학교가 온통 오르막이고 계단 일색이라는 것을 알아차리고는 털퍼덕 주저앉을 것만 같이 난감하였다. 새로운 시련인 거였다. 하지만, 인생이란 것은 어차피 계단을 올라야 하는 것인가 보다며 체념했다. 인생의 계단을 차근차근 순서대로 오르지 않고 뒤죽박죽 오르내렸던 나는, 삼십 년이란 세월의 계단을 되짚어 내려가서야, 뒤늦게야 한 계단 한 계단 순서를 바로잡아 오르기 시작하였고, 그리고 나이까지 많아서 쉽사리 낫지 않는 다리를 부추겨서 주 나흘간을 삐그덕 삐그덕 오르내리게 된 것이었다.

내가 대학 2학년이었던 2000년 5월, 시화집 「사랑이 없어 슬픈 시」를 냈다.

그런데 문학이란 것이 자유시나 소설만 있는 것이 아니었다. 시조가 있었다. 경기대학교 문예창작학과엔 현대시조계의 대가 윤금초 교수가 겸임교수로 계신 것이었고, 그의 강의는 내게 지대한 영향을 끼쳤다. 솔직히 나는 대학에 들어가기 전엔 시조가 무언지도 몰랐다. 우리에게 우리의 고유문학이 있는 줄조차 몰랐던 것이다. 시조는 보통의 시(詩)가 아니라 오랜 전통을 지닌 우리 가락의 시절가라는 말이 내 속을 파고들었다. 시조의 '시'는 한자로 때 시(時)를 쓴다고, 그래서 바로 이때, 이 순간을 써야 한다는 그의 강의가 내 머릿속에 깊이 들어와 똬리를 틀었다. 시조를 쓴답시고 옛말을 쓴다거나 3.4 3.4 등의 자수만 맞추면서 시조 3장 중 종장 첫 구 3자가 불변 석 자라는 것만 알고 그 석 자의 형성을 00을, 00에, 00이, 00도, 00은 등등 부사를 붙인 단어로 형성한다면, 그것은 이미 시조가 아니라는 말에는 가히 흥분을 감추지 못할 지경이었다.

그랬다. 시조는 가장 첨단의 언어로 구성되어야 하고, 자수를

99학번 입학

맞추기보다는 걸음(호흡)을 맞추어야만 더욱 발전적인 현대시조 작품을 하게 된다. 1995년도 제20회 전통공예대전에서 내 자수 작품이 입선에 그친 이유 중 하나가 옛것, 즉 민화풍을 따르지 않고 창작을 했기 때문이었다고 한 무형문화재 그분의 말 때문에 통탄했던, 그 울분이 확 풀어지는 느낌이었다. 머리에 전깃불이 들어온다는 느낌이었다고나 할까? 그러고 보면 나의 대학 입문은 참으로 탁월한 선택이었다. 나는 '꽃, 그 놀빛 언어' 외 9편의 시조로 2000년 하반기호『시조시학』신인상에 당선됨으로써 당당한 시조시인이 되었다.

그러나 그냥 평시조로는 성에 차지 않았다. 윤금초 교수는 평시조보다 사설시조를 즐겨 쓰고 있었는데, 바로 내가 그 사설시조에 매력을 느낀 것이었다. 내 못 말릴 학구열은 현대시조를 짓기 위하여 고시조를 공부해야 한다는 데에 이르렀고,「청구영언」시조 편을 샅샅이 뒤지게 했다. 그리고 확실히 알았다. 조선 시대 대부분의 시조는 모두 한문으로 표기되었다는 것을. 그래서 종장 부분에서 3음절이 되게 하려다 보니 부득이하게 부사, 즉 토씨 달린 3음절이 되었었다는 것을. 하지만, 그것은 한자 표기를 한글로 옮길 때의 부주의로 빚어진 오류라는 걸 자연스레 알게 되었다. 종장 첫 구 3음절은 긴장의 역할, 즉 독립 단어, 감탄사나 영탄사, 호격 부사(아희야! 등), 명사 등이며 둘째 구 5~6음절(사설시조로 할 땐 9음절까지도 허용)은 이완의 역할인데, 그 원칙이 반드시 지켜져야만 시조라고 할 수 있을 것이다. 어쨌든 나는 평시조에서

?

난정뜨락에 봄은 오는가(동부화재 다큐)

의 종장 첫 구와 사설시조에서의 종장 첫 구를 일일이 찾고 필사하였으며, 이때의 연구를 발판으로 후일 한 십 년 뒤 내 박사 논문 〈사설시조의 변용양상 연구〉에까지 적용하였다.

큰 소설가의 빨간펜 지도 방식

여름방학이 끝나고 2학기, 하필이면 개천절에 이문구 교수에게서 폰이 왔다.

"제출한 소설 네 편 가운데서 '하필이면'이라는 거, 그거, 학생들 숫자대로 복사하겠소? 다음 강의 시간에 그거 가지고 공부합시다."

'하필이면'이란 것은 바로 남편의 월남전 체험을 삼인칭으로 꾸민 소설로, 『솟대문학』 창간호에 '억세게 재수 좋은 사나이'라는 제목으로 냈던 바로 그 소설이었다. 교수의 수업 방식은 학생들이 제출한 소설 중에서 택일하여 빨간 볼펜으로 꼼꼼하게 손을 본 후에 그것을 곧바로 강의 시간에 수업하는 생생한 빨간펜 방식이었다.

2000년 이문구 선생님의 소설집 「내 몸은 너무 오래 서 있거나 걸어왔다」가 출간된 지 얼마 안 되어 선생님이 위암 판정을 받고 수술대에 오르셨다는 소식을 들었다. 그 순간, 나는 선생님의 소설 「내 몸은 너무 오래 서 있거나 걸어왔다」를 정식 평론하기로 작정하였다.

2002년 나는 드디어 중앙일보 신춘문예 평론 부문에 도전하였고, 본선 진출자로서 '주영숙/서해 일몰도 황홀한 글농사꾼 이문구-〈내 몸은 너무 오래 서 있거나 걸어왔다〉를 중심으로'라고만 신문에 실렸는데 이문구 선생님이 어찌나 반가워하시던지 내가 더 감사했다.

그리고 그해 늦가을에, 나는 석사과정에 들어가기 위해 준비해야 했는데, 모교 대학원으로 정하려던 것은 포기했다. 이문구 교수님이 학교를 그만둘 것 같다고 하셨기 때문이었다. 그래서 다른 두 개의 대학(중앙대학교 예술대학원/명지대학교 대학원)에 원서를 넣었고 두 군데 다 합격하였다. 나는 남들은 하나 가지기도 힘든 두 개의 합격통지서를 놓고 행복한 갈등에 돌입하였다. 곰곰이 저울질해 보니 명지대학 대학원은 매력적인 여러 장학금 제도가 있었고, 중앙대학은 단지 국내 유수의 대학, 한마디로 간판이 좋은 학교인 것이었는데, 우여곡절 끝에 중앙대학교 예술대학원에 등록하였다.

2003년 경기대학교 졸업식날, 나는 졸업장과 아울러 '문화상'과 '성적우수상'을 수상하였다. 학사 마지막 학기를 제외한 나의

석사 졸업식

?

박사 졸업식

성적은 평점 4.40에다 백분율로는 98.88/100이 되었다. 구체적으로 보자면, 국문학을 부전공으로 삼는 대신 미술평론을 복수전공한다고 덤벼들었던 과목 중 B+ 득점한 두 과목과 A 득점한 한 과목을 학점 포기하며 복수 전공을 포기해 버리는 출혈을 한 것이었다. 그리고 다른 교양과목에서 돌출한 B+ 하나를 보태어 총 12학점을 무효화시킴으로써 내 성적표를 거의 A+로만 장식하였는데, 이 성적은 내가 틀림없이 대학원에 합격할 것임을 보장하고 있었다.

나는 중앙대학교 석사과정 중(2003)에 소설집 「나쁜 그림」(도서출판 연인)을 발표했는데, 처음으로 자비출판을 했다. 하지만 나는 이후 내 소설 쓰기의 방향을 온전히 '사설시조 형식'으로 굳혀야 한다는 생각을 했다.

2006년에 경기대학교 박사과정으로 들어갔다. 시조를 연구하려면 중앙대보다 경기대학교가 더 적합하다고 판단했기 때문이었는데, 박사과정으로 들어가자마자 4월에 시조집을 냈다.

10년 주기 문학의 두 번째 길

　나는 박사학위를 취득한 바로 그해(2009)에 이론서 「사설시조 조 한국소설」(고요아침 총서⑥)을 냈는데 내용은 박사학위 논문 그대로이다. 아무튼 1999년에 대학 입문하여 꼬박 10년간을 치열하게 달려왔고, 나는 2009년부터 또다시 2019년까지 달릴 숙제를 짊어졌다. 누가 강제로 시킨 것은 아니지만, 나는 또다시 출발점에 선 것이었다.
　2010년 11월 3일에는 중앙대학교에서 '자랑스러운 예대인상'을 수상했는데 중앙대학교 예술대학원을 졸업한 지 5년 만이었다. 그리고 2011년, 대한민국장애인문화예술대상-문화체육관광부 장관상을 수상했는데, 그것은 장애인문화협회의 탁월한 안목이 아닐 수 없다. 2007년부터 2009년까지의 실적 중에서 발간된 평론과 소설의 경계를 허문 퓨전소설집 「순간」(2007), 장편시조집-운문소설집 「눈물꽃향기의 샘」(2008)이 그 상의 대상이었는데, 책 두 권이 다 실험성이 다분한, 앞으로 한국문학에 큰 영향

2010년, 중앙대학교 '자랑스러운 예대인상' 시상식에서

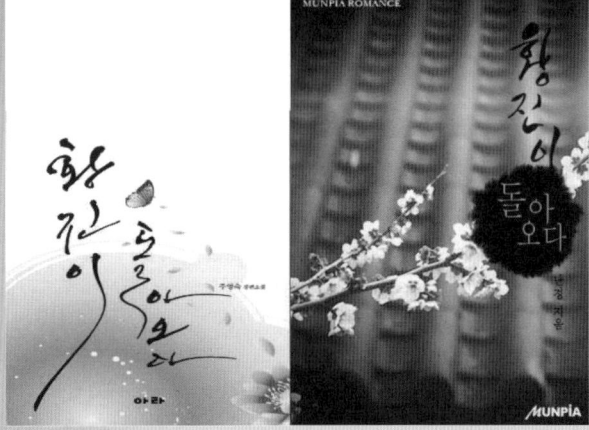

연암 박지원   황진이 돌아오다 종이책과 e북

미출간 책 연암 박지원 소설(상) 표지   미출간 책 연암 박지원 소설(하) 표지

을 줄 것으로 보이는 책이었기 때문이다. 아무튼 그 상은 내게 지대한 의욕을 주었다. '쓰면 된다! 하자, 그것이 아니라 하면 된다, 하자!' 했더니 상을 받게 된 것이었다.

2009년 하반기부터 나는 연암 박지원의 글과 생애에 대하여 탐독하고 있었는데, 연암의 작품들을 분석한 책을 내고자 시도했다. 그리고 초고를 몇 출판사에 보냈었는데, 뜻밖에 국학자료원에서 연락이 왔고, 2011년 문체부 장관상을 수상할 때는 그 책을 편집하고 있는 중이었다. 그리고 2012년 2월에 「작품으로 읽는 연암 박지원 소설편」이 나왔는데, 연암 박지원의 소설들(연암 박지원의 소설들은 모두 한문소설이므로 오히려 사설시조로 풀기 용이하고, 그래서 소설이라 알려지지 않은 산문들까지 모두 소설로 만들되 사설시조조 소설로 풀어냈다)과 그의 생애를 당시의 역사와 함께 소개했다.

그리고 10월엔 역시 태반을 사설시조조로 풀어낸 산문·시편 「눈물은 배우는 게 아니다」를 냈으며, 2월에 냈던 「작품으로 읽는 연암 박지원 소설편」은 문화체육관광부에서 '2012년 우수교양도서'로 선정되기까지 하였다. 2013년 「황진이 돌아오다」를 냈다. '소설은 발로 뛰어야 한다.'라는 말이 있고, 그래서 나는 황진이의 행적을 찾아 개성까지는 갈 수 없었어도 담양의 면앙정은 답사하였다. 2012년 6월 방영, EBS희망풍경(난정뜨락에 핀 꿈)에 그 답사 장면이 고스란히 담겨 있기도 하다.

대학 입문과 동시에 접했던 나의 시조 사랑은 워낙 남달라서 중앙대학교 석사학위 논문은 〈아픔의 변주곡과 체험적 시조론〉이고 경기대학교 박사학위 논문은 〈사설시조의 변용양상 연구-한국 현대소설을 중심으로〉이다. 나는 언제나 순 한국적인 글발로 쓴 소설은 사설시조로 구분된다는 사실을 입증하고자 했는데, 김유정 소설이 전부 사설시조로 구분되었음을 밝혔고 이문구 소설 「내 몸은 너무 오래 서 있거나 걸어왔다」 역시 통째 사설시조조임을 입증하였다. 그렇다. 나는 일반적인 시조시인이 아니다. 사설시조로 소설을 쓰는 별난 시인이다.

　한국소설에서 사설시조 형식을 찾아내는 데에 그친 게 아니라 내가 직접 사설시조조로 소설을 쓰기 시작한 것이었다. 2007년부터 2014년까지 경기대학교를 비롯하여 강남대학교, 가천대학교(경원대학교) 등 외래교수를 역임했는데 2013년 발간 「황진이 돌아오다」는 그 소설을 텍스트로 수업을 하기도 했다. 그리고 나는 2015년부터 한창 웹소설에 빠져들었는데, '문피아'라는 사이트에서 서재를 얻어 활동하였다. 그러면서 e-book을 몇 권 냈는데, 이들 책은 단행본 e북으로 내기 전에 하루 5,000자씩 채우겠노라고 약속하고 매일(또는 주 몇 회) 연재하는 방식이었고, 내 글의 독자들이 평균 하루 100명이었으며, 댓글 또한 매우 풍부하였다. 그러다 보니 완전 '신선놀음에 도끼자루 썩는다.'라는 말을 수식할 지경의 주영숙이 되어 갔다. 몇 권의 e북 중에 「황진이 돌아오다」는 제목도 바꾸지 않고 그대로 냈는데, 아주 생생한 에필

2011년, 대한민국장애인문화예술대상 문화체육관광부 장관상 수상

로그(종이책에는 없는)를 첨부하였다. 언제고 기회가 되면 리바이벌 황진이를 종이책으로 낼 생각을 하고 있다. 물론 본격 사설시조 형식으로 세상을 놀라게 할 작정을 해 두기도 했다.

하루 5천자 글쓰기로 「영웅 스케치」도 쓰고 있었는데, 연개소문 이야기다. 연개소문의 어린 시절과 뒤에 펼쳐진 파란곡절과 더불어 고당 전쟁까지, 내 독수리타법으로 급류를 만난 듯이 키보드를 쳤다. 그리고 환희의 댓글 세례에 지치는 줄도 모르고 열정을 태웠다. 돌이켜 보면 그것은 아마도 내 문학 수업의 본격적인 수련 기간이었던 것 같다. 지금 생각하면 도저히 믿을 수 없는 필력이었는데, 첨엔 무료로 연재하다가 나중엔 유료로 전환하였지만 e북으로 만들지는 않았다. 아무튼 내 문학 10년 주기의 두 번째 주기(2009~2019년)에는 문체부 장관상과 국무총리상의 거창한 피날레로 장식하였고, 그리고 2019년을 가볍게 넘어 2020년에 들었다.

끝없는 끝을 향한 나의 몸

바로 2020년에, 나는 본격 사설시조조로 지은 장편소설 「칼, 춤추어라!」 상, 하권을 냈는데, 그 원본이 두 번째 주기에서 열정을 불살랐던 웹소설 영웅 스케치였다.

또 한편 「내 이름 마고」를 냈는데, 일명 '서불과차'라 불리는 남해 양아석각이 사실은 우리나라 남쪽 지방의 가을하늘 별자리라는 것을 밝히고자 하는 시도였다. 그래서 오랜 기간 양아석각을 연구해 온 분(문화재 연구원-조세원)과 함께 남해 양아석각을 답사하였다. 내 10년 문학의 두 번째 주기 동안 「황진이 돌아오다」를 위하여 담양의 '면앙'을 답사했던 것처럼, 세 번째 주기 초입인 2020년에도 나는 「내 이름 마고」를 위하여 남편의 손을 잡고 산을 탔다.

또한 2022년엔 사설시조 700수로 구성한 장편소설 「까오리 빵즈」를 냈다.

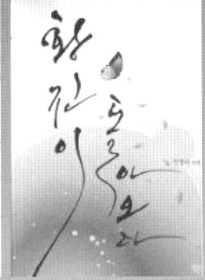

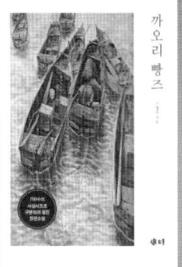

주영숙이 펴낸 한국 최초의 사설시조 장편소설

시집들

소설집들

2023년, 대한민국장애인문화예술대상 대통령상 수상

한편으로 약 2년간 붙들고 있던 「완역 한글판 목민심서」 12권을 탈고했지만, 아직 출간은 되지 않았다. 모 출판사의 제의로 쓰기 시작했는데, 나는 당시에 노트북이 완전히 망가질 지경으로 열정을 바쳤다. 하지만 아쉽게도 계약기간이 넘도록 출판이 되질 않았다.

내가 이 책 「완역 한글판 목민심서」를 언제고 좀 더 21세기에 맞는 최적의 방식으로 출간할 것임을 독자들은 나보다 먼저 알고 있으리라 여긴다.

또 한편 나는 「연암선집」을 두 권 내려고 준비해 두었는데 미발표 상태이다.

앞으로 낼 책들과는 별개로, 나는 2023년엔 사설시조조의 장편소설 「불감증」을 냈다. 그리고 11월 8일엔 대한민국장애인문화예술대상-대통령 표창을 수상했다.

대통령상을 수상했으니 다 이루었다고 생각할지 모르지만, 그러나 나의 길은 아직 멀었고, 끝없는 끝을 향하여 계속 걷고 있다. 그러기에 2024년엔 평론집 「눈물껍데기에 숨은 꽃」, 동화집 「뒤죽박죽 별똥별」을 냈다. 그리고 2025년 5월에 사설시조 1,045수로 구성한 소설집 「하늘에 새긴 부적」을 한 수 한 수 번호를 매겨서 냄으로써, 이 소설이 분명한 사설시조임을 짚어 보였다. 내게 장애가 없었더라면 내 글이 아무리 훌륭하더라도 (장애예술활성화지원사업대상자가 될 수 없으니) 나오지 못했을 것이라 생각하니 내가 장애인인 게 얼마나 다행스러운지 모른다. 아니, 내게 장애가 온 것은 한편으로 축복이라고 할 수도 있다.

아직 몸 30 정신 70인 나의 몸

아무튼, 나의 특이한 소설쓰기 방법, 이것은 감히 말하건대 한국 최초를 넘어 세계 최초라고 할 수 있으며, 나는 가장 한국적인 글쓰기가 가장 세계적이 될 수 있다는 신념을 고수하고 있다. 무척이나 외로운 걸음이지만, 나는 한국 고유문학 장르인 사설시조의 우수성을 입증하는 이 소설 노선에서 도대체 내릴 수가 없다.

끝으로 대통령 표창을 받았던 날의 수상 소감만 옮기자면 아래와 같다.

제가 살면서 크게 깨달은 바가 있는데 밝히자면 이렇습니다.
인간은 몸으로만 구성된 존재가 아니라는 것!
그런데 과연 몸 50%, 정신 50%만이 완전한 인간일까요?
몸 20~30%, 정신 70~80%는 정상적인 인간이 아닐까요?
우주에서의 삶을, 그 고행의 미션을 수행해야 하는 시대에 놓인 우리 인간에겐 비약적으로 말해 몸 10%, 정신 90%가 더 적확하지 않을까요?

　몸이 완전하지 못하여 불편합니다. 움직일 때마다 아픕니다.
　날마다, 시시때때로 도전해야만 가능한 삶.
　그렇지만 불편인 여러분! 몸의 부족함을 정신으로 채웁시다.
　더더욱 완벽한 인간이 되기 위하여 도전합시다.
　자기는 몸 50%, 정신 50%라고 하여 정상인.
　몸이 불편하여 몸 30%, 정신 70%로 사는 저에게는 비정상인.
　이렇게 규정하는 사람이 있다면 그는 말할 수 없이 불쌍한 사람입니다.
　저는 제 자신을 도전의 달인이라고 생각합니다.
　비록 몸 10%가 되는 한이 있더라도 그 나머지 공간을 정신 90%로 채우는 '사람'이 되기 위해 끊임없이 도전하는 중입니다.
　더더욱 빛나는 대한민국 문화예술인이 될 것을 다짐합니다.

　요즘 우리 사회는 나이듦이 유죄가 된다. 초고령사회의 노인문제를 극대화시키고 있다. 초고령사회를 슬기롭게 보내기 위해서는 노인은 부양해 줘야 하는 젊은 세대의 짐이 아니라 우리 사회를 지탱하는 힘이라는 사실을 알아야 한다.
　장애 속에서 75세의 나이에도 도전을 멈추지 않고 있는 장애 노인의 문학 인생을 타자의 시선에서 간단히 요약하여 독자들의 공감도를 높이고자 한다.

거제도 장애소녀의 꿈

주영숙은 섬 거제도에서 태어났다. 세 살 때 소아마비로 오른쪽 다리가 가느다란 데다 발뒤꿈치가 바닥에 닿지 않아 발끝으로만 걷는다. 나이가 들어서는 멀쩡하다고 믿었던 왼쪽 다리에 극심한 통증이 오기 시작해 걸을 때마다 비명을 지를 정도의 아픔이 있다. 하지만 그녀는 죽을 때까지 동반해야 하는 아픔에 대하여 일찌감치 달관했다.

'걸을 수는 있어. 손은 멀쩡하잖아? 아프지 않은 친구들이 뛰어 놀 시간에 나는 책을 읽고 글을 쓸 거야, 그림을 그릴 거야.'

겨우 초등학교 3학년 때 그런 결심을 한 그녀는 4학년이 되자 당시의 4.19혁명 목격담을 써서 도 대회에서 상을 타기도 했고 그림으로도 상을 자주 받았다. 중학교 3학년 때는 『학원』이라는 청소년 잡지에 산문 '그리움'이 입선되었는데 그때부터 소설가가 되리라는 꿈을 품었다. 그러나 아버지는 어린 딸에게 '소설가는 발로 뛰어야 한다. 다리도 아픈 네가 어떻게 소설가가 된다는 말이냐?'라며 꿈도 꾸지 말라고 하셨다.

그녀가 고등학교(남녀공학)를 졸업할 때쯤 가정 형편이 많이 기울어져 있었다. 멸치어장 사업이 곤두박질치면서 아버지가 덜컥 앓아누웠고, 그녀는 고등학교도 간신히 졸업하였다. 대학 진학은 물론 소설가 되는 꿈마저 접은 상태에서 그녀는 자립해야 한다는 생각에 무턱대고 서울 가는 기차에 몸을 실었고, 우여곡절 끝에 택한 직업이 동양자수 기술자였다. 적막하게 앉아 마치 도 닦듯이 수놓는 그 일이 싫지 않았고, 선천적으로 아름다움을 추구하는 본성 때문인지 중학교 가정 시간에 수를 놓아 본 경험이 전부였지만 그녀는 다른 돈 되는 직업 다 놔두고 유독 수놓기에 매달렸다. 그러다 직접 도안을 만들어서 수를 놓았는데 손님들의 반응이 폭발적이었다. 그래서 가게 주인이 동업하자고 제안을 할 정도였다.

살아야 하는 여자

'누가 나랑 결혼하겠어? 안 해!'

절대로 결혼은 안 하리라고 결심하였던 그녀는 어느 날 갑자기 참전용사이면서 빈털터리인 한 남자에게 붙들려서 아들 둘을 낳고 살게 되었다.

'어차피 살아야 한다면 최선을 다하자.'

그녀 나이 서른 무렵에 진해 중앙시장에서 '꽃바람 수예점'을 운영하게 되었고, 남편에게는 표구 기술을 배우게 하였다. 그녀의 직업엔 누군가 표구해 줄 사람이 절실하였고, 그래서 가게 딸린 집을 얻어서는 표구사를 차려 놓고 표구 기술자를 채용, 기술을 익히게 한 거였는데, 다행히 남편의 표구 기술이 일취월장하여 혼자 표구를 할 수 있게 되었다. 병풍 하나만 펼쳐도 꽉 차는 3평 가량의 가게에서 그녀는 사람들에게 수 재료를 팔며, 자수를 가르치는 한편 많은 작품을 생산하였다. 새끼를 품고 있는 호랑이, 내려오는 호랑이, 달밤을 뚫고 달려가는 호랑이 등등을 직접 도안하여 수놓았고, '겟세마네에서 기도하는 예수'도 피부결 하나하나 연구해 가며 수놓았는데, 그 작품은 주문 제작으로, 여섯 점이나 만들었다. '꽃바람 수예점'은 그야말로 꽃바람을 날렸다. 수놓는 여자로서의 전성기가 바로 그 시기였다고 할 수 있지만 그것은 그녀의 모든 창작 활동의 밑거름이었다. 가게를 하는 틈틈이 글을 써서 투고하여 『샘터』, 『엄마랑 아기랑』 등에 게재되기도 했고 동양화의 기초인 사군자 치는 법을 배우기도 했다.

엄청난 도전

아들 둘이 성인이 되자 엄마의 역할이 많이 덜어졌다. 없는 살림에 아이들 키우느라고 늘 허덕이다가 어느 순간 자기 자신을 돌아보았다. 그냥 나이 든, 그리고 다리에 힘이 빠져 절룩거리는 볼품없는 자신의 모습에 그녀는 의기소침해졌다. 글을 쓰는 작가이기도 했고, 전통 공예가이며 화가였지만 그 모두가 자기만족이었지 누가 알아주지도, 살아갈 명분도 되지 않았다. 그래서 엄청난 도전을 결심한다. 대학 입학을 시도한 것이다. 나이 50을 바라

보는 나이에 학력고사를 준비하느냐고 미친 짓이라고들 하였지만, 그녀는 도전해야만 살 수 있을 것 같았다. 1968년에 거제고등학교를 졸업하고, 1999년에 경기대학교 문예창작과에 입학하였으니, 30년 늦깎이 만학도의 길을 걷게 된 거였다. 경기대학교에서 문창과·국문과 복수 전공을 하고, 중앙대학교 예술대학원에서 석사학위를 받고, 2009년 경기대학교에서 박사학위를 받았다. 그녀는 장애인이며 만학도라는 불리한 조건을 오히려 무기로 삼았다. 졸업 후 경기대학교, 강남대학교, 가천대학교 등 대학 강단에서 젊은 대학생들에게 학문 이상의 것을 가르칠 수 있었다.

다작의 여왕

주영숙은 현재 경기도 용인시 처인구 남사읍 상동로에 위치한 살림집과 작업장 그리고 소박한 전시장을 갖춘 난정뜨락에 살고 있다. 그녀는 자신을 퓨전아티스트라고 한다. 소설은 물론 시, 시조, 그림, 수예 등을 취미로 조금씩 하는 것이 아니라 이 모든 영역에서 전문성을 갖고 있기 때문이다. 그러나 여기에서는 문학 영역만 다루고자 한다.

난정은 1990년에 첫 장편소설을 낸 이후 다수의 소설집, 시집, 시조집, 그리고 인문교양도서를 출간했다. 후반기 작품들은 사설시조 형식의 소설이다.

그녀는 한국 고유의 문학 장르인 사설시조로 소설을 쓸 수 있

1997년, 용인시 여성상(예술상) 수상

다는, 단편소설에 그치는 게 아니라 장편소설에까지 그 영역을 넓힐 수 있다는, 무한 가능성을 보여 줌으로써 문학인은 물론 독자들에게 호응을 얻고자 한다. 이 소설의 기법은 얼핏 시나 소설이라 여겨질 수도 있지만 단순한 시, 소설이 아니다. 사설시조 기법을 습득하고 나면 뜻밖에 쉽게 다가설 수 있는 글쓰기이기도 하다. 이토록 흥미로운 기법을 배우려는 소설가 지망생이 아직 없다. 시조를 배우고, 나아가 사설시조에까지 도전해 보고서야 가능한 글쓰기이기 때문이다. 그녀는 언젠가는 그런 조건을 갖춘 문인, 특히 몸을 움직이기 불편한 장애인이 후학으로 나타나길 기대한다. 경험상 장애인이 잘할 수 있겠다는 믿음 때문이다.

사설시조 형식의 소설은 흥겹게 잘 읽히는 소설의 몸맵시를 지니고 있다. 그래서 가독성이 좋고, 그만큼 독자를 끌어당기는 힘을 지니기 마련이다. 그래서 주영숙은 사설시조 형식의 한국소설이 가장 한국적인 문학이라는 소신으로 사설시조 형식의 소설을 집필하고 있다. 장애인은 도전의 달인이며, 모든 장애예술인이 잠재력을 갖고 있다는 것을 알리기 위해 지금도 도전을 멈추지 않고 있다.

난정 문학의 대장정

「목민심서」를 접했을 때의 느낌은 경악 수준이었다. 양반·중인·상민·천민으로 나뉜 신분사회 제도에서의 책인 것은 분명한데, 만민 평등 사상은 현대사회와 크게 다르지 않은 부분을 종종 접했기 때문이다. 기독교 바이블이나 불교 경전 뺨치게 훌륭한 가르침을 주고 있는 이 책은 간혹 그 번역본이 나오기는 했지만, 독자가 이해하건 말건 직역해 놓아서 읽는다 한들 뭔 말인지도 모르기 때문에 우리가 알고 있는 내용은 극히 일부에 지나지 않는다. 그래서 난정의 「완역 한글판 목민심서」는 교양 도서로서 중요한 역사적 가치가 있다.

정약용은 「목민심서」 서문에서 '참으로 어진 수령이 나타나 제 직분을 다하겠다고 마음먹는다면 아마도 좋은 지침서가 될 것이라 믿는다.'라고 하였다.

난정은 「완역 한글판 목민심서」 12권을 집필하면서 마치 다산의 간지러운 데를 긁어 주듯이 역자 재량껏, 그 제목에 해당하는 연암의 주목되는 글을 넣기도 하고 다산의 다른 글을 넣기도 하여 이해를 돕고자 하였으며, 12권째에는 다산의 연보를 배치하되, 마치 역사소설을 읽는 느낌을 주도록 서술하였다. 그뿐만 아니라, 감히 대 선학의 명저 한문 서적을 몽땅 해부하여 순 한글로 바꿔 버렸다.

난정의 가족은 두 아들과 두 며느리와 두 손녀와 두 손자 합하여 꼭 10명이고, 그중 작은아들네 3명은 독립하여 현재 뜨락 식구는 7명이지만 3대가 살고 있는 대가족이다. 손주 보기 힘들지 않느냐고 하지만 아이들이 있어서 새로운 힘을 얻는다.

난정은 장애문인으로서의 정체성을 소중히 생각한다. 1990년 장편소설「날개 없는 영혼」으로 제1회 대한민국장애인문학상을 수상한 것이 작가 생활의 기폭제가 되었기 때문이다.

50년 동안의 작가 생활은 늘 도전의 연속이었다. 집필은 쉬워도 독자를 만나기 위한 출판 과정에 늘 어려움이 있었다. 다시는 글을 쓰지 않겠다고 생각하다가도 문학 공모전 소식이 뜨면 자기도 모르게 글을 쓴다. 공모전 결과는 번번이 좋지 않았지만 그렇게 해서 쓴 글이 다시 책을 출간하는 동력이 되곤 했다.

올해 75세의 난정에게서는 에너지가 넘친다. 아직도 그녀의 머릿속에는 무궁무진한 이야깃거리가 넘치며, 그 많은 이야기를 날밤을 새워서라도 집필할 수 있는 열정이 있다. 난정은 영원한 문학 소녀로 살고 있는지도 모른다.

난정(蘭亭) 주영숙(朱英淑)

경기대학교 한국동양어문학부 문예창작학과(부전공-국어국문, 미술평론) 졸업
중앙대학교 예술대학원 문학예술학과(비평 전공) 졸업
경기대학교 대학원 국어국문학과(현대문학 전공) 졸업
경기대학교, 강남대학교, 가천대학교 등 외래교수 역임

문학 부문
1989 시집 「가을 시인에게」
1990 시집 「사랑의 안팎」
1990 장편소설 「내일은 죽을 수 없는 女子」
1991 제1회 대한민국장애인문학상 수상작 장편소설 '날개 없는 영혼'
1991 시집 「비밀 낙서첩」
1992 장편소설 「날개 없는 영혼」
1997 용인시 여성賞, 예술상
1998 장편소설 「작은 巨人의 딸」
1998 장편소설 「女子는 몇 번 사랑하는가」 上, 下
1999 당산문학상 수상작 단편소설 '사랑하는 나의 딸'
2000 시화집 「사랑이 없어 슬픈 詩」
2000 시조시학 신인작품상 수상 '꽃, 그 놀빛 언어'
2001 월간문학 제93회 신인작품상 동화 부문 당선 '보미가 된 세랑이'
2001 경기 신인문학상 단편소설 당선 '그의 인생론'
2001 경기대학교 학술문예 소설 入賞
2003 경기대학교 문화상
2003 소설집 「나쁜 그림」
2004 시선집 「참았습니다 그리워도, 그리워도」
2004 계간 『한국문학예술』 평론 신인상 '원형구도와 소태맛의 소설미학'
2006 시조집 「손톱끝에 울음이…」
2007 소설집 「순간」
2008 장편시조집 「눈물꽃향기의 샘」
2009 이론서 「사설시조조 한국소설」
2010 중앙대학교 자랑스러운 예대인상
2011 대한민국장애인문화예술대상-문화체육관광부 장관상
2012 「작품으로 읽는 연암 박지원 소설편」, 2012문화체육관광부 선정 우수교양도서

2012 「눈물은 배우는 게 아니다-작품으로 읽는 연암 박지원 산문 시편」
2013 장편소설 「황진이 돌아오다」
2013 한국연구재단에서 연구비를 지원(한국소설에 드러나는 사설시조 형식)
2017 대한민국장애인문화예술대상-국무총리상
2020 사설시조조의 장편연작소설 「칼, 춤추어라!」 상, 하
2020 사설시조조의 장편소설 「내 이름 마고」
2022 사설시조 700수로 구성한 장편소설 「까오리 빵즈」
2022 「완역 한글판 목민심서」 12권 탈고
2022 「정선 연암 선집」 탈고
2023 사설시조조의 장편소설 「불감증」
2023 대한민국장애인문화예술대상-대통령 표창
2023 대륙문학상 본상
2024 평론집 「눈물껍데기에 숨은 꽃」
2024 동화집 「뒤죽박죽 별똥별」
2025 사설시조 1,045수로 구성한 소설집 「하늘에 새긴 부적」

미술 부문
한국미술연감에 한국화 화가 등록
한국문화재보호재단 한국의 집 '모란' 그림(병풍, 무용선) 전속화가

1984 세종미술대상전 한국화 '정' 동상
1984 현대미술대상전 한국화 '파문' 특선
1984 신미술대상전 한국화 '우주' 특선
1984 전국문화예술대전 한국화 '이야기' 입선
1985 서울예술제 수공예(동양자수) '최후의 만찬' 입선
1995 제20회 한국전승공예대전 전통자수 '달 구름 파도, 송학도' 입선

개인전
1985~1987 Germany
1985, 1987 거제
1993, 1995 안성 청학대 미술관
2000 용인문예회관
2001 한국의집 주영숙초대전-아름다운 부채그림전
2007 한국의집 '단오맞이 부채시연'

단체전
1995 한국전승공예인전, 서울 롯데화랑
1999 아름다운 부채전, 용인문화원
1907 시가 다시 희망이다, 세종문화회관
1907 앵콜 시가 다시 희망이다, 서울 메트로미술관
1909 한국에로티카 국제아트 페스티벌, 수원미술전시관

2001 SBS '여인천하', '야인시대'에 병풍화
2006 KBS2 '황진이' 병풍화